in Couprie

LES GRANDES DATES DE LA LITTÉRATURE FRANÇAISE

2e édition

ARMAND COLIN

Alain COUPRIE, professeur à l'université Paris-XII, a également publié chez Armand Colin : *Le théâtre, texte, dramaturgie, histoire,* coll. 128. Lire la tragédie, coll. Lettres Sup.

Armand Colin est une marque de
Dunod Editeur, 11 rue Paul Bert, 92240 Malakoff

ISBN 978-2-200-61407-2

Internet : http://www.armand-colin.com

Avant-propos

L'ambition de cet ouvrage est de servir aux étudiants de mémento. Ce n'est ni un manuel, ni une anthologie, ni une histoire de la littérature française. Chacun conviendra qu'en « 128 » pages de tels projets eussent été des gageures. Il s'agit donc principalement de grandes dates, assorties de commentaires. À l'évidence, toute subjectivité n'est pas exclue du choix qu'il fallut nécessairement opérer, tant la notion même de « grande date » est problématique. Sans doute regrettera-t-on, ici, certaine omission ou rapidité ; peut-être s'indignera-t-on, là, d'une synthèse trop succincte. Répétons-le : il s'agit d'un mémento.

Sa structure en est simple, organisée en sept chapitres :

La présentation s'effectue sur une double page. Sur la page de gauche, les indications portées dans la première colonne souhaitent faciliter la mise en perspective historique. Dans la seconde colonne, la plus ample, se trouvent mentionnées les dates de publication des œuvres les plus marquantes et, selon les cas, rappelées leur place dans la carrière de l'auteur, l'esthétique dont elles relèvent ou leurs caractéristiques générales. Sur la page de droite, l'éclairage se concentre sur une école, un mouvement, un auteur ou une œuvre, sans aucune prétention à l'exhaustivité. Ces développements sont appelés par des astérisques, surtout dans la deuxième colonne de la page de gauche. Cette double lecture de l'histoire littéraire permet ainsi d'entrelacer la continuité chronologique et la réflexion plus générale sur la création littéraire. Complément utile, nous l'espérons, à la fréquentation personnelle des œuvres elles-mêmes, que rien ne remplacera jamais.

1

Le Moyen Âge

• 842 : *Serments de Strasbourg*, premier texte connu rédigé en langue romaine (langue d'oil).

Serment d'assistance mutuelle de Charles le Chauve et Louis le Germanique, deux des petits-fils de Charlemagne, contre leur frère Lothaire.

• 843 : partage de l'empire carolingien.

• **987-996** : règne d'Hugues Capet.

• v. 1040 : *Vie de saint Alexis*, récit hagiographique.

• 1066 : conquête de l'Angleterre par les Normands ; bataille d'Hastings.

• v. 1070 : *Chanson de Roland*, chanson de geste*.

La défaite infligée par des montagnards basques, en 778, à l'arrière-garde de Charlemagne, à Roncevaux, de retour d'une expédition en Espagne, en constitue le fondement historique, transformé et embelli par la légende.

Neveu de Charlemagne, Roland, engagé dans une croisade qui dure depuis sept ans, est victime de la trahison de son beau-père Ganelon. Affrontant quatre cent mille cavaliers sarrasins, il meurt en chrétien parfait. Charlemagne le vengera et punira le félon.

• 1095-1099 : 1re croisade en Terre Sainte.

Comprenant 4 002 décasyllabes répartis en 291 laisses, la *Chanson de Roland* est la plus célèbre de nos épopées, dont on ne sait si on doit l'attribuer à un certain Turoldus.

• v. 1150 : *Couronnement de Louis*, chanson de geste. *Roman de Thèbes*, « roman à l'antique »*.

Composé d'octosyllabes à rimes plates, ce premier roman français adapte très librement le combat fratricide des fils d'Œdipe.

• 1160 : *Jeu d'Adam*, drame liturgique*, le plus ancien texte dramatique connu.

La mise en scène du péché originel.

• 1163 : début de la construction de Notre-Dame de Paris (—> 1245).

• v. 1165 : Marie de France (2e moitié du XIIe s.) *Lais*, poésie*.

En douze lais octosyllabiques, de longueur variable (118 vers pour *Le Chèvrefeuille*, 1184 pour *Eliduc*), Marie de France réorganise la « matière bretonne ». Dans ces « Contes en vers », le merveilleux est souvent présent (*Lanval*, *Yonec*, *Guiguemar*). Autour du motif de l'oiseau, messager de l'amour (*Milon*) ou symbole de la vie amoureuse (*Yonec*, *Laostic*), les lais développent une éthique de la passion, triomphant des interdits et de lamort elle-même, et qui, au moins dans *Eliduc*, se fond et se transcende dans l'amour divin.

La chanson de geste (cf. 1070-1150)

Célébrant les *res gestae* – les exploits guerriers – des héros, les chansons de geste se regroupent en trois cycles : le « cycle de Charlemagne », le plus ancien, auquel appartient la *Chanson de Roland* ; le « cycle de Garin de Monglane », dont la figure centrale est Guillaume d'Orange ; et le « cycle de Doon de Mayence », des barons révoltés.

Si l'on ne sait à peu près rien sur leurs auteurs, il est en revanche certain que les chansons de geste relevèrent d'abord de la littérature orale, diffusée par les « jongleurs », poètes de métier.

Constituée de laisses assonancées et le plus souvent décasyllabiques, la chanson de geste possède une forte armature idéologique ; les certitudes religieuses à l'origine de la première croisade et la « Reconquista » de l'Espagne maure font de l'épopée guerrière une épopée de la foi ; l'honneur féodal, inséparable du service du suzerain, n'exclut pas l'honneur familial, qui rend l'individu solidaire de son lignage. Le héros est un et collectif, singulier par sa vie et ses exploits, et incarnation d'une communauté qui le glorifie.

Le roman « à l'antique » (cf. 1150)

« Mettre en roman », c'est d'abord « translater » du latin en langue vulgaire. Cette *translatio* opère une médiévalisation, idéologique et sociopolitique, des sources antiques. Après le *Roman de Thèbes*, viennent *l'Eneas* (v. 1156), le *Roman de Troie* (v. 1160), puis le *Roman d'Éracle* de Gautier d'Arras (1177) et le *Roman d'Alexandre* (v. 1170-1180), rédigé en un vers nouveau de douze syllabes. Si ces romans n'ont rien d'historique, tant les anachronismes semblent de règle, ils fondent une écriture nouvelle (art du portrait, poétique de la ville), en rupture progressive avec le style épique.

• v. 1170 : *Le Roman de Renart* (branches principales), roman parodique des modèles épiques.

Cet ensemble de près de cent mille vers octosyllabiques, répartis en vingt-six récits (« branches ») dus à plusieurs conteurs (dont Pierre de Saint-Cloud) est une parodie animalière de l'épopée. Autour de Noble le Lion qui possède toutes les caractéristiques du chevalier sans jamais en respecter l'idéal, gravitent le loup Ysengrin, le coq Chantecler, l'ours Brun et le goupil Renart, plus souvent trompeur que trompé. Tous vivent en une société calquée sur le modèle féodal. Violence et grossièretés désacralisent l'amour courtois dans un immense éclat de rire, aux résonances rabelaisiennes avant la lettre.

• v. 1172 : Thomas (2e moitié du XIIe s.), *Tristan*, roman en vers.

Appartenant au fond légendaire breton*, l'histoire de Tristan et Iseut est l'une des plus célèbres de la littérature médiévale, française puis européenne : victimes d'un philtre qui rend leur passion fatale, deux amants bravent toutes les lois sociales et religieuses et restent unis dans et par-delà la mort.

De cette œuvre existent deux versions : celle de Béroul et celle de Thomas.

Constituant la version dite « commune », le récit de Béroul (voir 1181) accumule les événements, proche en cela de la matière épique. Le philtre y a un effet limité à trois ans. Quand cessent les effets du breuvage, Tristan rend au roi Marc son épouse, et part en exil. Après avoir triomphé des barons, ses ennemis, le « chevalier aux armes noires » retrouve toutefois la belle Iseut. Rien ne suggère à la fin du récit la mort des amants et leur passion éternelle.

• **1180-1223** : règne de Philippe-Auguste.

Chez Thomas, au contraire, le philtre n'a plus qu'une valeur symbolique : celle d'une passion fatale et éternelle. Quand elle apprend la mort de Tristan, consécutive à une blessure empoisonnée, Iseut meurt de douleur. Généreux, Marc les ensevelit dans deux tombes voisines : une ronce jaillit du tombeau de Tristan pour s'enfoncer dans celui d'Iseut. Quand on la coupe, elle repousse plus vivace pour unir les deux victimes de la « fine amor » (version dite « courtoise »).

Un *Tristan en prose*, commencé par Luce del Gast et achevé par Hélie de Boron, au XIIIe siècle, intègre Tristan au monde arthurien en en faisant l'un des chevaliers de la Table ronde.

Le théâtre religieux (cf. 1160, 1200, 1455)

Comme le théâtre antique, le théâtre français est d'origine religieuse : il naît de la dramatisation des principaux épisodes des évangiles.

- *le « jeu »* (ou drame liturgique) est pratiqué jusqu'au milieu du XIIe siècle (*Jeu d'Adam* ; *Jeu de saint Nicolas* de Jean Bodel) ;
- *le « miracle »* dérive du jeu, mais emprunte ses sujets aux légendes (très dorées) des saints. Le plus célèbre reste le *Miracle de Théophile* de Rutebeuf ;
- *le « mystère »*, très en vogue au XVe siècle, se concentre sur la vie et la passion du Christ. Des confréries l'interprètent, qui deviennent peu à peu de véritables troupes d'acteurs. À Paris, la « Confrérie de la Passion » en possède le monopole, de 1402 à 1548. Se déroulant sur plusieurs « journées », le « mystère » est un grand spectacle, avec ses personnages très nombreux, sa machinerie et ses décors imposants. Mêlant les genres et les tons, il fera l'objet d'une interdiction par le Parlement de Paris en 1548, pour irrespect et sacrilège. Le *Mystère de la Passion* d'Arnoul Gréban (vers 1450) reste le chef-d'œuvre du genre.

La « matière de Bretagne » (cf. 1172, 1179)

À côté du fonds gréco-romain, existe un fonds celtique. En 1135, Geoffroi de Monmouth publie son *Historia regum Britanniae* qu'un chanoine de Bayeux, l'Anglo-Normand Wace, adapte dans son *Roman de Brut* (1165), qui devient le principal vecteur de la légende du roi Arthur.

Entouré des chevaliers de la Table Ronde, le chef celtique, incarnation de la résistance bretonne contre l'invasion saxonne (VIe siècle), tient une cour raffinée. Supprimant toute frontière entre le merveilleux et le « réel », l'ici-bas et l'Autre Monde, la « matière de Bretagne » était propre à enflammer les imaginations : prouesses guerrières, quête mystique, passion amoureuse, présence de l'au-delà. Poètes et romanciers courtois puiseront amplement à cette source.

La littérature courtoise (cf. 1179, 1230)

Liée à la vie de cour autour de grands seigneurs – d'abord en pays d'Oc, puis en Île-de-France et en Normandie –, la littérature courtoise se développe sous une triple influence : « antique », « bretonne » et méridionale grâce aux troubadours (Jauffré Rudel, Marcabru, Bertran de Born, Bernard de Ventadour).

Proposant un art de vivre fondé sur la politesse, le raffinement et la loyauté, la « courtoisie » codifie en particulier les rapports amoureux. Élaborée sur le

• v. 1179 : Chrétien de Troyes (v. 1135-1185), *Lancelot ou le chevalier à la charrette*, roman courtois*.

Clerc lettré, peut-être chanoine de Troyes, Chrétien de Troyes vécut à la cour de Marie de Champagne avant de passer au service du comte de Flandre. On lui doit cinq romans, appartenant à l'univers arthurien : *Érec et Énide* (v. 1165), *Cligès* (1176), *Lancelot, Yvain ou le Chevalier au lion* (1179) et *Perceval ou le roman du Graal* (1181).

Chrétien de Troyes s'efforce de concilier l'amour courtois, par nature adultère, et la morale chrétienne. Alors qu'Yvain est coupable d'avoir subordonné l'amour à l'appel de l'aventure, Lancelot sacrifie tout à sa passion. Unique objet de l'aventure chevaleresque, l'amour devient, dans *Perceval*, une quête mystique, même si le Graal demeure une énigme (corne d'abondance irlandaise ou coupe ayant accueilli le sang du Christ ?).

• v. 1181 : Béroul (2e moitié du XIIe s.), *Tristan*, roman en vers ; voir v. 1172.

•v. 1200 : *Aucassin et Nicolette*, chantefable picarde.

L'histoire, en heptasyllabes et en prose, des amours d'Aucassin, prince chrétien de Beaucaire, et de Nicolette, jeune esclave sarrasine. Parodie et pastiche des romans courtois.

• 1204 : IVe croisade ; prise de Constantinople.
• 1209 : croisade contre les Albigeois.
• 1214 : victoire de Bouvines.

• v. 1200 : Jean Bodel (fin XIIe s.-1210), *Jeu de saint Nicolas*, drame mi-liturgique, mi-profane*.

• v. 1230 : Guillaume de Lorris (1re moitié du XIIe s.), *Le Roman de la Rose* (I), poésie allégorique et didactique.

L'œuvre comprend deux parties, la première due à Guillaume de Lorris, la seconde à Jean de Meung. Elle retrace la quête par l'« Amant », de la « Rose », déjouant « Jalousie », « Honte », « Peur », « Danger ». Usant constamment de l'allégorie, Guillaume de Lorris dessine avant la lettre une « Carte de Tendre » qui codifie l'amour courtois.

• **1226-1270** : règne de Louis IX (saint Louis).
• 1244 : prise définitive de Jérusalem par les Musulmans.
• 1248 : VIIe croisade.

Son continuateur, Jean de Meung, plus philosophe et plus politique, substitue à l'idéal de la « fine amor », le mythe de l'âge d'or, propice à une vision « naturaliste » de la passion et à une critique des institutions (sur l'origine de la royauté, sur la noblesse, le mariage).

• v. 1260-1261 : Rutebeuf (2e moitié du XIIIe s.), poésies satiriques et lyriques.

Auteur de nombreux « *Dits* », de fabliaux, de *Renard le Bestourné* (satire des mauvais conseillers), Rutebeuf pratique une

modèle féodal, la « fine amor » réside dans le « service » exclusif du chevalier, toujours aussi vaillant que dans la chanson de geste, à sa « dame », dispensatrice du « joy ». Exaltée par les troubadours puis par les trouvères (langue d'oil), elle est autant une esthétique qu'une éthique, propice à l'épanouissement du lyrisme et à l'adoucissement des mœurs (respect des faibles, de la femme, refus de la violence dans la vie sociale). L'Église tentera non sans succès de christianiser cette « fine amor », souvent par nature adultère et présentant le danger d'une divinisation de la femme.

À cette littérature courtoise appartiennent les poésies de Marie de France, les romans en vers de Béroul et de Thomas, ou de Chrétien de Troyes et de Guillaume de Lorris. Même quand, aux XIVe et XVe siècles, la thématique chevaleresque perdra de sa vigueur, la poésie courtoise imprégnera encore les œuvres de Christine de Pisan, d'Eustache Deschamps ou de Charles d'Orléans.

Sous des formes et des noms divers, la courtoisie – idéal plus que réalité – influencera pendant des siècles les mentalités et les conceptions littéraires (comme la préciosité au XVIIe siècle).

Le théâtre comique (cf. 1200, 1276, 1450, 1465)

Le théâtre comique du Moyen Âge revêt trois principales formes :

- *le « jeu »* (« drame » au sens étymologique du terme) est la plus ancienne. Le premier que l'on connaisse est le *Jeu de la Feuillée* d'Adam de la Halle (v. 1276) ;
- *la « farce »* (du bas-latin *farsa*, farcissure) désigne étymologiquement le mélange de différents langages et dialectes. Bâtie sur le procédé de la ruse et du renversement de situation, elle emprunte ses thèmes à la vie quotidienne. De là, une satire enjouée de la société, souvent par le biais du désir amoureux qui se manifeste sans détour. Ses personnages sont des types : charlatans, maris bernés, valets stupides. Le rire n'y a pas d'autre but que lui-même. *La Farce de Maître Pathelin* (v. 1465) et *La Farce du Cuvier* (v. 1450) sont les chefs d'œuvre du genre ;
- *la « sotie »* se différencie essentiellement de la farce par sa finalité : puisant ses sujets dans l'actualité, elle est militante. Des « sots » (fous) exposent, sous couvert de leur folie, des vérités dérangeantes. C'est le principe et les thèmes du « monde à l'envers ».

L'essor de la poésie (XIVe-XVe siècle)

Après le déclin (début du XIIIe s.) de la poésie lyrique des troubadours et des trouvères, apparaît une poésie didactique, abordant les sujets les plus variés,

poésie populaire, pleine de verve et de compassion envers tous les « ribauds », ses frères de misère. C'est dans *La Complainte de Rutebeuf* (v. 1261) que s'épanouit son lyrisme : « Que sont mes amis devenus / Avec qui j'étais si intime/Et que j'avais tant aimés ? »

• 1270 : VIIIe Croisade ; mort de Saint Louis à Tunis.

• v. 1270 : Jean de Meung (2e moitié du XIIIe s.), *Le Roman de la Rose* (II) ; voir v. 1230.

• v. 1272 : Jean de Joinville (v. 1225-1317), *Histoire de saint Louis* (1309).

Sénéchal de Champagne, compagnon de croisade de Louis IX, Joinville rédige un récit plus hagiographique qu'historique sur « les saintes paroles et les bons faits de saint Louis. »

• v. 1276 : Adam de la Halle (2e moitié du XIIIe s.), *Jeu de la Feuillée*, théâtre.

Branche de feuillage servant d'enseigne aux tavernes, la « feuillée » désigne aussi l'abri de verdure de la reine de mai (le mois de l'amour) et les « feuillets » d'un livre. Jouant sur ces différents niveaux de signification, Adam de la Halle met en scène les mésaventures d'Adam qui veut quitter Arras pour aller à Paris, les divagations d'un fou et le repas des fées (Morgue, Arsile et Magloire). Première pièce d'inspiration entièrement profane, le *Jeu* dénonce avec verve la société arrageoise. Par la suite, Adam de la Halle donne un *Jeu de Marion et de Robin* (v. 1284), « mise en théâtre » de deux genres lyriques, la pastourelle et la bergerie.

• **1285-1314** : règne de Philippe le Bel.

• 1337 : avènement des Valois ; début de la guerre de Cent Ans (→1453).

• v. 1364 : Guillaume de Machaut, *Le Voir Dit*, poésie*.

• 1346 : défaite de Crécy.

• v. 1374 : Jean Froissart (v. 1333-1400), *Chroniques* (1400), récit historique.

Relation fort documentée des origines de la première moitié de la guerre de Cent Ans, appréhendée sous l'angle (de moins en moins opérant) des grands féodaux et de l'idéal courtois.

• **1360-1380** : règne de Charles V ; reconquête du royaume (avec Du Guesclin).

• v. 1394 : Christine de Pisan (v. 1364-1431), *Cent Ballades d'Amant et de Dame* (1410).

Dialogue amoureux où la « fine amor » s'achève tragiquement par la mort de la « Dame » délaissée par l'« amant ».

• 1378 : grand schisme d'Orient (→1417).

• v. 1450 : *La Farce du Cuvier*, théâtre.

Les mésaventures conjugales de Jacquinot affligé d'une femme acariâtre et d'une belle-mère autoritaire.

• **1380-1422** : règne de Charles VI.

• v. 1455 : Arnoul de Gréban (v. 1420-1471), *Le Mystère de la Passion de Notre Sauveur Jésus-Christ*, drame religieux.

En quatre journées et sur près de 35000 vers, plus de 200 per-

individuels ou collectifs, dans des « dits » (ou « ditiés »), poèmes octosyllabiques à rimes plates.

Un tournant s'opère avec Guillaume de Machaut (v. 1300-1377), auteur du *Voir-Dit*, qui donne son aspect définitif aux « poèmes à forme fixe » que sont les rondeaux, ballades (petite et grande), chants royaux, lais et virelais.

C'est l'essor d'une nouvelle poésie lyrique avec les poèmes d'Eustache Deschamps (1346-1406) entremêlant les thèmes de l'amour et de la mort (« Nul hom ne peut souffrir plus de tourment / Que j'ai pour vous, chère dame honorée… »), du « je » et du patriotisme (à propos de la mort de Du Guesclin, par exemple).

Composée pour l'essentiel de ballades, de rondeaux et chansons, la poésie de Charles d'Orléans (1394-1465) achève de fixer les grands thèmes du lyrisme : célébration de la nature, des charmes de la paix et de l'amour, tristesse de la destinée, mélancolie et mal du pays :

> « En regardant vers le pays de France
> Un jour m'advint, à Douvres sur la mer,
> Qu'il me souvint de la douce plaisance
> Que je souloie au dit pays trouver… »

Au XVe siècle, François Villon allie à sa maîtrise technique des qualités musicales et un sens du détail vrai et émouvant. Premier poète « mauvais garçon », il sait exprimer la détresse et la faiblesse humaines. À preuve ces « regrets » :

> « Je plains le temps de ma jeunesse,
> Auquel j'ai plus qu'un autre galé
> Jusqu'à l'entrée de vieillesse
> Qui son partment m'a scellé… »

ou cet humour macabre et tendre :

> « *Item*, mon corps j'ordonne et laisse
> À notre grand mère la terre ;
> Les vers n'y trouveront grand graisse
> Trop lui a fait faim dure guerre »

qui cède la place à la demande de compassion dans l'*Épitaphe Villon :*

> « Se frères vous clamons, pas n'en devez
> Avoir desdain quoi que fûmes occiz
> Que tous hommes n'ont pas le sens rassis ;
> Excusez-nous, puisque nous sommes transis
> Envers le fils de la Vierge Marie. »

• 1415 : défaite d'Azincourt.

• **1422-1461** : règne de Charles VII.

• 1429-1431 : épopée de Jeanne d'Arc.

• 1453 : prise de Constantinople par les Turcs.

• **1461-1483** : règne de Louis XI.

• 1492 : découverte de l'Amérique par Christophe Colomb.

sonnages font revivre l'histoire de l'humanité : le péché originel (prologue), l'enfance (I), la vie publique (II), la crucifixion (III) et la résurrection du Christ (IV). La note comique est apportée par des intermèdes de « diableries » : c'est le chef-d'œuvre du théâtre religieux.

• v. 1461 : François Villon (v. 1431-ap. 1463), *Testament*.

L'œuvre de Villon comprend :

– le *Lais* (legs), testament bouffon de l'auteur en faveur de ses amis, rédigé en quarante-huit ans octosyllabiques ;
– le *Testament* ;
– des poésies diverses comprenant notamment les deux poèmes les plus célèbres de l'auteur : *La Ballade des pendus* et *La Ballade des dames du temps jadis*.

Villon s'impose comme le plus grand poète lyrique de son temps (même Boileau lui rendra hommage). Mais son lyrisme, empreint de piété, de compassion pour les pauvres, de hantise du temps qui passe et de la mort (« Frères humains qui après nous vivez... »), n'exclut pas l'ironie vis-à-vis de soi-même.

• v. 1465 : *La Farce de Maître Pathelin*.

Chef d'œuvre du genre, cette farce narre, sur le mode du trompeur trompé, les mésaventures de l'avocat Pathelin et du drapier Guillaume, doublement berné d'abord par Pathelin puis par son berger Thibaud qui, à son tour, berne Pathelin. Comique de mots, satire des professions, comique de caractère confèrent à l'œuvre une *vis comica* étourdissante et amorale.

Représentés notamment par Jean Meschinot (1420-1491) et par Jean Molinet (1435-1507), les « grands rhétoriqueurs » font triompher la poésie formelle par l'utilisation presque systématique des tropes. S'ils n'inventent pas des formes nouvelles (à l'exception peut-être de la « ballade balladante »), ils raffinent sur l'art de la rime. On leur doit rimes léonines, couronnées, serpentines, batelées...

2

Le XVIe siècle

• 1494 : début des guerres d'Italie (→ 1559).

• **1498-1512** : règne de Louis XII.

• **1515** : victoire de Marignan : début du règne de François 1er (→ 1547).

• 1517 : thèses de Luther, début du mouvement protestant.

• 1521 : excommunication de Luther.

• 1530 : création du Collège de France.

• 1532 : Clément Marot (1496-1544)*, *L'Adolescence Clémentine*, poésies.

Fils de Jean Marot, poète de la « grande rhétorique », C. Marot publie, en 1515, *Le Temple de Cupido*, recueil de poèmes encore marqués par les traditions du Moyen Âge. Emprisonné en 1526 au Châtelet pour sacrilège, il décrit son séjour carcéral dans *L'Enfer*, violente satire de la justice. Poète officiel de la Cour de 1527 à 1534, il publie l'ensemble de ses œuvres sous le titre de *L'Adolescence Clémentine*, qui consacre sa notoriété. Il en donne une *Suite* en 1533. Après l'« affaire des Placards », il s'exile, consacrant l'essentiel de son activité à la traduction des *Psaumes*. Revenu en France, il publie ses *Œuvres* complètes en 1538 – à l'exception de *L'Enfer* qui, édité en 1542, lui vaut les foudres de la Sorbonne et l'oblige de nouveau à s'exiler. Il meurt à Turin en 1544.

• 1532 : François Rabelais (v. 1494-1553), *Pantagruel*, roman*.

Fils d'un avocat, né à La Devinière, près de Chinon, Rabelais est moine franciscain, puis bénédictin. Il abandonne la vie monastique pour devenir médecin. À Lyon où il exerce, il correspond avec Érasme et, depuis longtemps, avec Guillaume Budé ; et il publie en 1532 sous l'anagramme d'Alcofrybas Nasier, *Les Horribles et Épouvantables Faits et Prouesses du très renommé Pantagruel*. L'ouvrage, qui remporte un vif succès, est condamné (mais non interdit) par la Sorbonne.

Fils de Gargantua et de Badebec, Pantagruel est un jeune géant, doué d'une force physique et d'un appétit hors du commun. Envoyé par son père dans les universités pour parfaire son éducation, il devient un « abysme de science », À Paris, il ren-

Clément Marot et le renouveau poétique (cf. 1532)

Avec lui s'effectue le passage des formes poétiques médiévales à des formes « modernes ». Introducteur (avec Mellin de Saint-Gelais) du sonnet en France, il renouvelle l'élégie, qui devient une lettre plaintive adressée à la femme aimée ; il transforme l'épître, qui aborde désormais tous les sujets ; il met à la mode l'épigramme, modernise le rondeau. Marot réalise par avance une partie du programme de la *Défense et illustration de la langue française*, quoi qu'en ait dit du Bellay. L'apparente simplicité du style, tant en prose qu'en vers, préfigure le « naturel », dont se réclamera l'honnête homme du XVIIe siècle.

L'humanisme

Moment capital du développement de la culture européenne, l'humanisme prend naissance dans l'Italie du XVe siècle. Redécouverte passionnée des textes de l'Antiquité, étudiés dans leur langue originale, il se forge des outils et des lieux de savoir. Parallèlement à l'étude des langues anciennes, des disciplines nouvelles apparaissent ou sont restaurées : philologie, rhétorique, philosophie, mais aussi astronomie, mathématiques, médecine, droit. L'essor de l'imprimerie (née à Mayence en 1448 avec Gutenberg) favorise la diffusion de nombreux dictionnaires, livres techniques, d'œuvres littéraires, et sous-tend l'activité des traducteurs, commentateurs ou philosophes (tels qu'Érasme à Louvain, Guillaume Budé ou Lefèvre d'Étaples à Paris). La réforme des collèges (création du Collège de France en 1530) permet de dispenser cet enseignement nouveau (en opposition à la sclérose de la Sorbonne), fondé sur la réflexion, l'ouverture au monde, l'équilibre de l'individu, l'examen critique (y compris de la Bible).

Exaltation des capacités de l'homme appelé à comprendre et à dominer le monde, l'humanisme est réformateur. En politique, alors que la guerre est permanente en Europe au début du XVIe siècle, les humanistes sont pacifistes, globalement favorables à une monarchie tempérée, à un idéal conforme à la fois à l'Évangile et à la sagesse antique (Thomas Morus, *L'Utopie*, 1516 ; Érasme, *Institution du Prince chrétien*, 1518 ; Guillaume Budé, *L'Institution du Prince*, 1519 ; les romans de Rabelais).

contre Panurge, hâbleur, facétieux, paillard et volontiers sacrilège. Apprenant que les Dipsodes ont envahi le royaume de son père, Pantagruel quitte Paris, repousse les envahisseurs qu'il noie dans son urine et tue en combat singulier leur chef Loup-Garou.

Le récit, qui suit le plan des « chroniques » (naissance, éducation, exploits guerriers du héros), associe à la sagesse de l'humanisme chrétien le ton de la farce la plus débridée, dans un immense hymne à la vie et au langage.

• 1534 : affaire des Placards ; début des persécutions contre les protestants.

• v. 1534 : François Rabelais, *Gargantua*, roman.

Après un Prologue invitant le lecteur à se méfier des apparences et à « rompre l'os et sucer la substantifique moelle », le roman narre les aventures de Gargantua, père de Pantagruel : l'enfance et l'éducation, puis la guerre contre Picrochole, que couronne la description utopique de l'abbaye de Thélème.

• 1539 : édit de Villers-Cotterêts, prescrivant l'usage du français dans les actes de justice.

• 1541 : Jean Calvin (1509-1564), *Institution de la religion chrétienne*. Traité théologique publié d'abord en latin à Bâle en 1536, puis en français à Genève en 1541, augmenté et remanié en 1559 et 1560.

Prônant une réforme radicale inspirée de Luther, le traité est un exposé de la doctrine réformée. Contre l'individualisme « spiritualiste » et l'humanisme optimiste, Calvin développe notamment l'idée de la prédestination, la grâce étant un pur don de Dieu. L'ouvrage qui connut un vif succès (européen) dès le XVIe siècle et qui fit de son auteur l'un des chefs de la Réforme*, est condamné par le parlement de Paris en 1542.

• 1540 : approbation par le pape de la Compagnie de Jésus.

• 1545 : début du concile de Trente (→1563).

• 1546 : mort de Luther.

• 1546 : François Rabelais, *Le Tiers Livre*, roman.

Les personnages restent ceux de *Pantagruel*. Mais la tonalité de l'œuvre en est très différente. À une longue discussion entre Panurge et Pantagruel sur les dettes et le devoir de charité, succède un débat pour savoir si Panurge, marié, sera cocu ou non. Comme nul ne peut le savoir, les deux amis s'embarquent pour un long voyage vers l'oracle de la Dive Bouteille (objet du *Quart Livre* et du *Cinquième Livre*), non sans avoir pris la précaution d'emporter avec eux le « pantagruélion », une herbe miraculeuse symbole de l'indépendance intellectuelle.

• **1547-1559** : règne de Henri II.

• 1548 : François Rabelais, *Le Quart Livre*, roman.

Le parlement de Paris interdit la représentation des mystères.

• 1549 : Joachim du Bellay (1522-1560), *Défense et illustration de la langue française* ; manifeste de la Pléiade*.

Porte-parole de la Pléiade, du Bellay rédige avec sa *Défense*

Dans le domaine religieux, l'humanisme prône un retour à l'Évangile et aux sources mêmes de la foi. Son désir de mettre la Bible à la portée de tous (par des traductions en français), son souci de pratiquer l'exégèse biblique en font, dans un premier temps du moins, un allié de la Réforme – dont le pessimisme et l'opposition de plus en plus radicale à Rome l'éloigneront.

L'« affaire des Placards » qui débouche sur une surveillance des activités éditoriales, entraîne l'exil ou l'éloignement discret de plusieurs écrivains (Marot, Rabelais). Les dissensions politiques et religieuses, bientôt les guerres de Religion consacrent progressivement la défaite de l'humanisme comme idéal de tolérance, voire de laïcité, et de paix.

Les romans de Rabelais (cf. 1532, 1534, 1546, 1548)

L'œuvre de Rabelais est l'une des illustrations les plus exemplaires et les plus optimistes de l'Humanisme et de la Renaissance, notamment par ses thèmes :

- *l'éducation* : à travers les personnages de Pantagruel et de Gargantua, Rabelais dépeint un idéal de connaissances universelles. Capables de tout apprendre, ses géants deviennent le symbole d'une soif de savoir et de créer ;
- *le prince idéal* : fils de roi et roi, Gargantua incarne les qualités du prince humaniste : détestant la guerre, mais la faisant intelligemment et sans cruauté quand la survie de son royaume est en jeu ; pratiquant la justice ; soucieux des questions économiques et du bonheur de son peuple ; et respectueux de Dieu ;
- *la religion* : Rabelais se livre à une vive satire du catholicisme (accusation d'obscurantisme, de superstitions et d'hypocrisie), mais ses personnages lisent la *Bible*, et Grandgousier et Gargantua sont des Évangélistes.

L'utopie de l'abbaye de Thélème que, dans *Gargantua*, frère Jean des Entommeures reçoit en remerciement de sa participation active à la guerre contre Picrochole, condense et exprime (au moins sur certains points) le rêve humaniste :

> « En leur règle [des Thélémites] n'était que cette clause :
>
> Fais ce que voudras,
>
> parce que gens libérés, bien nés, bien instruits conversant en compagnie honnête, ont par nature un instinct et aiguillon, qui toujours pousse à faits vertueux et retire de vice, lequel ils nommaient honneur [...]. Par cette liberté entrèrent en louable émulation de faire tout ce qu'à un seul voyaient plaire » (chap. 57).

Mais frère Jean lui-même quittera ce lieu idyllique pour parcourir et interroger le monde (*Tiers Livre*).

une œuvre polémique qui réfute les thèses que Thomas Sébillet vient de publier dans son *Art poétique* (1548), et propose un manifeste poétique. La question centrale est celle de l'enrichissement du français pour en faire une langue capable de rivaliser avec le grec, le latin et l'italien, et créer ainsi une littérature nationale, à l'imitation des Anciens. Cette « renaissance » des lettres françaises est jugée inséparable de la grandeur du royaume, qu'elle incarnera et véhiculera.

• 1550 : Théodore de Bèze (1519-1605), *Abraham sacrifiant*, tragédie religieuse.

Première tragédie de la langue française, mais publiée à Genève, au service du protestantisme de son auteur, disciple de Calvin.

• 1552 : Pierre de Ronsard (1524-1585), *Les Amours* (→ 1578), poésie.

Les Amours de 1552 célèbrent, selon la rhétorique pétrarquiste, Cassandre Salviati, rencontrée à Blois. Rompant avec le pétrarquisme, *La Continuation des Amours* (1555) et *La Nouvelle Continuation* (1556) chantent la beauté de Marie Dupin, jeune fille angevine. En 1578, paraissent les *Sonnets pour Hélène* (de Surgères), et ceux *Sur la mort de Marie* (inspirés en partie par le décès de Marie de Clèves, aimée d'Henri III).

Contribuant à fixer les lois du sonnet régulier, ces *Amours* sont un jeu poétique, où le pétrarquisme côtoie l'érudition humaniste et un lyrisme familier. Si la poésie fait de l'amour son thème central, elle devient elle-même un argument du discours amoureux : « Lors, vous n'aurez servante oyant telle nouvelle / Déjà sous le labeur à demi sommeillant / Qui au bruit de mon nom ne s'aille réveillant / Bénissant votre nom de louanges immortelles. »

• 1553 : Étienne Jodelle (1532-1573), *Cléopâtre captive*, tragédie « humaniste »*.

Le suicide de la reine d'Égypte après la mort d'Antoine.

Première tragédie française à sujet profane, marquant, selon les poètes de la Pléiade, la naissance du genre tragique français.

• 1555 : Louise Labé (v. 1524-1566), *Débat de Folie et d'Amour* ; *Sonnets.*

Fille d'un riche artisan cordier de Lyon, Louise Labé, à la réputation volontiers sulfureuse, est considérée de son vivant comme la Sapho française.

Son *Débat*, rédigé en prose, est une suite de dialogues entre la déesse Folie (mise à la mode par Érasme) et le dieu Amour.

La Pléiade (cf. 1549)

La Pléiade (du nom des sept filles d'Atlas et surtout des sept poètes d'Alexandrie du IIIe siècle avant notre ère) regroupe des étudiants du collège de Coqueret dirigé par l'helléniste Dorat : Baïf, Ronsard, bientôt rejoint par du Bellay ; ceux du collège voisin de Boncourt : Jodelle et Belleau ; et deux poètes lyonnais ; Guillaume des Autels et Pontus de Tyard. Constitué autour de la forte personnalité de Ronsard, le groupe tire son unité de sa volonté de restaurer la littérature française. La *Défense et illustration de la langue française* ouvre à cet égard une véritable « querelle des anciens et des modernes ». Condamnant les anciennes formes poétiques, la Pléiade prône un retour aux grands genres de l'antiquité (l'ode, l'hymne, l'épopée, le discours) et de l'Italie, pour le sonnet. Ce retour implique :

- *la pratique de l'« imitation »*, élaborée en doctrine et conçue non comme une traduction ou un plagiat, mais comme une innutrition ;
- *l'enrichissement de la langue :* du vocabulaire (mots composés, par provignement, empruntés aux dialectes, domaines techniques), du style qui doit se tenir éloigné de l'usage courant (création de « tours », utilisation des figures de rhétorique) ;
- *une redéfinition du métier poétique*, qui devient autant affaire d'inspiration que de travail, de maîtrise technique.

À son apogée en 1560, la Pléiade suscite autant d'admiration que de critiques, celles-ci provenant autant des Réformés que de la Cour qui se tourne vers une culture plus mondaine. Le militantisme, politique et religieux, de la poésie de la Pléiade (dans les années 1560-1570), sa tendance à l'hermétisme ou du moins à l'érudition, puis les guerres de Religion occulteront les apports essentiels de la Pléiade, notamment dans la « (re)naissance » du lyrisme, dans l'acclimation de l'idée d'« imitation » et plus généralement dans la conception de l'art, à la fois conquête et exploration ésotérique.

La tragédie humaniste (cf. 1553, 1573, 1596)

Œuvre de trois générations, dont Jodelle, Garnier et Montchrestien sont les principaux représentants, la tragédie « humaniste » s'étend sur un demi-siècle, de l'*Abraham sacrifiant* de Théodore de Bèze à l'*Hector* de Montchrestien. Son sujet ne traite que « de piteuses ruines de grands seigneurs, que des inconstances de Fortune, que bannissements, guerres, pestes, famines, captivités, exécrables cruautés des tyrans ; et bref que larmes et misères extrêmes » (Jean de La Taille, *Art poétique*, 1572).

Ses *Sonnets* chantent le désir, les troubles et les souffrances de la passion, où, par une inversion de la rhétorique amoureuse traditionnelle, c'est l'amante qui exprime ses attentes de l'aimé.

• 1558 : Joachim du Bellay (1522-1560), *Les Regrets*; *Les Antiquités de Rome*.

Accompagnant son oncle cardinal comme secrétaire à Rome, où il séjourne de 1553 à 1557, du Bellay, tour à tour nostalgique, satirique, lyrique, expose dans les *Regrets* ses déconvenues : l'exil, loin de son Anjou natal; les vices de la cour pontificale; l'absence d'idéal politique; la perte de son inspiration.

Les Antiquités de Rome orchestrent un thème qui connaîtra une immense fortune : la décadence d'une ville jadis maîtresse du monde et aujourd'hui en ruines : « Reste de Rome, ô mondaine inconstance ! / Ce qui est ferme est par le temps détruit / Et ce qui fuit au temps fait résistance. »

• **1559** : traité de Cateau-Cambrésis, mettant fin aux guerres d'Italie; début du règne de François II; premier Synode de l'Église réformée.

• 1559 : Marguerite de Navarre (1492-1549), *L'Heptaméron*, recueil de nouvelles (éd. posthume).

À l'imitation du *Décaméron* de Boccace, dont Marguerite de Navarre a encouragé la traduction en français, l'*Heptaméron* campe dix personnages – cinq hommes et cinq femmes – que le mauvais temps retient sept jours dans une abbaye des Pyrénées. Pour tromper leur ennui, après une méditation religieuse, chacun raconte une histoire authentique, qui devient un sujet de débat entre les « devisants ». L'amour, paillard ou courtois, affiché ou clandestin, est le thème central de ces nouvelles qui, par la multiplicité des points de vue des intervenants, définissent ce que peut être la passion.

• **1560-1574** : règne de Charles IX.

• 1562 : début des guerres de Religion (→ 1598).

• 1572 : massacre de la Saint-Barthélemy.

• 1572 : Pierre de Ronsard, *La Franciade*, épopée.

Œuvre inachevée relatant la légende des origines troyennes de la monarchie française. Tentative sans lendemain de résurrection de l'épopée.

• 1573 : Robert Garnier (1545-1590), *Hippolyte*, tragédie « humaniste ».

Magistrat de carrière et l'un des principaux artisans du renouveau de la tragédie, Garnier écrit sa première pièce, *Porcia*, en 1569. Suivent, après *Hippolyte*, *Cornélie* (1574), *Marc-Antoine* (1578), *La Troade* (1579), *Antigone* (1580), la tragi-comédie de *Bradamante* (1582) et son chef-d'œuvre *Les Juives* (1583).

• **1574-1589** : règne de Henri III.

• 1574 : Étienne de La Boétie (1530-1563), *Discours de la servitude volontaire* (éd. déf. en 1576 sous le titre de *Contr'Un*).

L'issue, dévoilée à l'avance par un personnage protatique, est inévitable. Le pathétique est son ressort essentiel (longs monologues, visions d'horreur). « Poème dramatique », la tragédie humaniste relève de la poésie. Héritage direct du modèle grec, des chœurs lui donnent son caractère musical. La déploration des malheurs (avec en contrepoint la célébration des joies simples de l'existence) fait de la tragédie humaniste une lente, majestueuse et émouvante « cérémonie des adieux ».

Réforme, Contre-Réforme et guerres de Religion (cf. 1541, 1577)

À l'origine volonté de « réformer » le catholicisme de l'intérieur, la Réforme conduit rapidement à une scission. L'Allemagne du nord se rallie aux idées de Luther, malgré son excommunication ; en 1535, s'instaure à Genève la première démocratie protestante (tendance calviniste) ; l'Angleterre d'Henri VIII se détache de l'Église catholique.

Sur le plan théologique, la Réforme s'oppose notamment au culte des saints et à la pratique des indulgences, rejette le principe de l'autorité papale au profit d'« assemblées » délibératives, affirme l'impossibilité pour l'homme d'assurer son propre salut sans la grâce de Dieu.

En France, la Réforme prend essentiellement le visage de l'Évangélisme (retour aux Écritures saintes considérées comme source unique de la foi) auquel adhère peu ou prou la plupart des humanistes. L'« affaire des Placards » (1534) marque un tournant : jusqu'alors plutôt bienveillant envers la « foi nouvelle », François Ier, s'estimant atteint dans son autorité et sa fonction, durcit sa politique. Les premières persécutions commencent.

En 1560, la conjuration d'Amboise puis le massacre de Wassy (1562) forment les prémices des guerres de Religion. De 1562 à 1593, huit guerres, entrecoupées de trêves fragiles, se succèdent. À partir de 1584, le conflit devient aussi dynastique. Sans frère ni héritier, Henri III ne peut laisser la couronne qu'à l'un de ses deux cousins : le catholique Henri de Guise (assassiné à Blois en 1588) et le protestant Henri de Navarre. La mort d'Henri III (1589) laisse face à face Henri de Navarre et le cardinal de Bourbon, chef de la Ligue (catholique). La mort de ce dernier (1591), la conversion d'Henri de Navarre au catholicisme (1593) ouvrent à celui-ci le chemin du pouvoir. Reconnaissant (sous certaines conditions) la liberté de culte aux protestants, l'édit de Nantes (1598) met officiellement fin aux guerres de Religion.

Convoqué à partir de 1545, le concile de Trente organise la Contre-Réforme,

Conseiller au parlement de Bordeaux et grand ami de Montaigne, La Boétie s'interroge sur la question suivante : comment se fait-il que le plus grand nombre obéisse à un seul? Autant par la coercition que par l'intériorisation de la servitude.

• 1577 : Agrippa d'Aubigné (1552-1630), *Tragiques* (rédaction).

Épopée en vers publiée anonymement en 1616 sur les guerres de religion, vues du côté protestant. Œuvre militante, polémique et aussi prophétique : le « Jugement » (livre VII) de Dieu justifiera les victimes. Cette épopée tour à tour satirique, réaliste, lyrique, visionnaire, est un des meilleurs exemples de la littérature baroque.

• 1580 : Michel de Montaigne (1533-1592), *Essais* (→1588)*.

• **1589-1610** : règne de Henri IV.

Après avoir renoncé à sa charge de conseiller au parlement de Bordeaux en 1570, Montaigne se consacre à l'*otium* d'où naissent les *Essais*. 1580 : publication des livres I et II, augmentés en 1588 du livre III ; 1595 : version définitive comprenant les ajouts manuscrits trouvés à la mort de l'auteur.

« Je suis moi-même la matière de mon livre » : les *Essais* sont l'exploration d'un « moi » en constante évolution, non par narcissisme mais en témoignage de l'« humaine condition », élaboration d'une pensée, ouverte à toutes les expériences, invention d'une écriture mimétique des mouvements de la conscience et de la pensée.

• 1592 : Blaise de Monluc (v. 1502-1577), *Commentaires* (éd. posthume).

Maréchal de France, gouverneur de Guyenne, Monluc dicte ses *Commentaires*, quand une blessure et une disgrâce le privent de toute activité. C'est le récit précis et amer de cinquante ans de combat, des guerres d'Italie à la quatrième guerre de Religion.

• 1596 : Antoine de Montchrestien (1575-1621), *Sophonisbe*, tragédie « humaniste ».

• **1598** : édit de Nantes mettant fin aux guerres de Religion.

Première pièce de ce dernier représentant de la tragédie humaniste. Suit la publication (1601) des *Lacènes*, de *Davie*, d'*Aman* et de *L'Écossaise* (Marie Stuart), puis, en 1604, d'*Hector*.

avec : la redéfinition des principaux points du dogme (sacrements et pratique du culte), l'élaboration d'une *Vulgate* (version officielle de la Bible), de règles disciplinaires relatives aux ordres et au clergé, la réaffirmation d'une continuité (et non d'une rupture, comme le soutenait Calvin) entre le monde humain et le monde divin, la culture antique et la philosophie platonicienne devenant, en conséquence, annonciatrices du christianisme.

Montaigne dans *Les Essais* (cf. 1580)

Au fil des années et de sa réflexion, Montaigne évolue :

– du pyrrhonisme, pratique du doute (« Que sais-je ? ») ;
– au stoïcisme, qui pose que le souverain bien réside dans la vertu, laquelle exige un effort de l'âme pour se familiariser avec la mort et pour vivre en harmonie avec le monde et la raison ;
– à une forme d'épicurisme, lui faisant accepter la mort comme partie intégrante de la nature et nourrissant le désir de jouir de la vie en accord avec la nature.

La philosophie de Montaigne réside dans le projet de bien se connaître pour mieux accepter les contraintes de la condition humaine. Que l'homme se consacre à la vie publique, mais qu'il sache garder une vie privée et s'y épanouir. Respectueux des lois et coutumes de son pays, Montaigne n'en défend pas moins la liberté individuelle et le droit à la critique. Ses prises de position en faveur des « sauvages », des pauvres, sa révolte contre l'esclavage, la torture, les méfaits de la justice, font de lui un réformiste.

Dans sa défense de l'homme, Montaigne n'oublie pas l'éducation. Au contraire de Rabelais qui rêve d'un savoir encyclopédique, Montaigne prône une éducation qui apprenne à apprendre, qui permette à l'élève de vivre harmonieusement (« un esprit sain dans un corps sain »), qui lui donne une tête « bien faite » et non « bien pleine ».

En honnête homme, Montaigne allie les plaisirs de la solitude aux joies d'une société choisie : pas d'art plus délicat que celui de la conversation, pas de bonheur plus profond que celui d'une amitié durable.

Montaigne écrit dans une langue riche, naturelle (« Le parler que j'aime, c'est un parler simple et naïf, tel sur le papier qu'à la bouche ») ; toujours en mouvement, rebondissant d'une idée à une autre pour arriver, après bien des détours, au but de sa pensée, elle est volontiers imagée et concrète.

3

Le XVIIe siècle

• 1601 : naissance de Louis XIII.

• 1603 : édit de Rouen rétablissant les jésuites en France.

• 1610 : assassinat de Henri IV ; régence de Marie de Médicis.

• 1617 : assassinat de Concini ; vrai début du règne de Louis XIII (→ 1643).

• 1607 : Honoré d'Urfé (1567-1625), *L'Astrée* (→ 1627), roman pastoral*.

La première partie est publiée en 1607 ; la deuxième, en 1610 ; la troisième, en 1619. À la mort de l'auteur, son secrétaire, B. Baro, prend le relais et fait paraître la quatrième partie en 1627, puis la cinquième en 1628, qu'il assure avoir rédigées à partir des notes laissées par d'Urfé.

• 1608 : J. de Schélandre (1584-1635), *Tyr et Sidon* (1re éd. ; éd. déf. 1628), tragi-comédie.

Mêlant les tons et les lieux, accumulant les événements sur plusieurs mois, comportant dix actes, divisés en deux « journées », la pièce est l'exemple même du théâtre « irrégulier » et l'une des plus célèbres tragi-comédies du temps.

M. Régnier (1567-1622), *Satires* (1608-1613).

À l'exemple d'Horace et de Juvénal, ces dix-sept satires (dont quatre posthumes) décrivent les travers et les vices du temps : *Satire X*, dite « Le Souper ridicule » ; *Satire XIII*, sur Macette, la fausse dévote. Peintre des mœurs au lendemain des guerres de Religion, Régnier combat vivement les conceptions poétiques de Malherbe.

• 1609 : François de Sales (1567-1622), *Introduction à la vie dévote**.

Ordonné prêtre en 1592, prédicateur renommé à Paris, évêque de Genève à partir de 1602, fondateur (avec Jeanne de Chantal) de l'ordre de la Visitation, F. de Sales s'efforce de montrer que même dans le « monde », les laïcs peuvent atteindre à la perfection. Son *Introduction* connaîtra un immense succès en France et en Europe. Elle est suivie en 1616 du *Traité de l'amour de Dieu*.

• 1619 : Gomberville (1599 ?-1674), *Polexandre* (→ 1637), roman héroïque.

Suivent trois autres versions, toutes plus enrichies les unes que les autres en 1629, 1632 et 1637. Autres romans : *La Carithée* (1621) ; *La Cythérée* (1640) et *La Jeune Alcidiane* (1651).

• 1620 : Salon de l'Hôtel de Rambouillet (→ 1655)*.

L'Astrée et la pastorale (cf. 1607)

L'action se déroule au Ve siècle dans le Forez. Astrée et Céladon s'aiment en dépit de l'opposition de leurs familles respectives. Pour mieux s'approcher d'Astrée, Céladon feint d'aimer Aminthe. Mais Sémire, épris d'Astrée, persuade celle-ci que Céladon lui est réellement infidèle. Devant les reproches d'Astrée, Céladon, désespéré, se jette dans la rivière du Lignon.

Sauvé de la noyade par trois nymphes, Céladon repousse les avances de la princesse Galathée, cependant qu'Astrée est en proie au remords. Sur les conseils du druide Adamas, Céladon se déguise en fille et, sous le nom d'Alexis, retrouve Astrée. Une amitié naît entre eux. Astrée, qui regrette toujours Céladon, se décide à appeler le fantôme de ce dernier. Elle aperçoit Céladon bien vivant. Mais au lieu de se réconcilier avec lui, elle le chasse de nouveau. Décidés chacun de leur côté à mourir, les deux amants finissent par se retrouver près de la fontaine de Vérité d'Amour, que gardent des fauves redoutables. Mais la présence des deux amants les amadoue comme par enchantement. L'oracle d'Amour unit enfin Céladon et Astrée.

Véritable guide de politesse et de sociabilité, *L'Astrée* développe une conception néoplatonicienne de l'amour, érigée en principe d'harmonie universelle. Francisant la mythologie de l'âge d'or, c'est aussi un roman historique et politique. « Roman des romans » (G. Genette), *L'Astrée* sera pour deux siècles la référence majeure du genre, inspirant même les dramaturges.

L'humanisme chrétien (cf. 1609)

Depuis la fin du concile de Trente (1563), le catholicisme se veut conquérant. Voyant dans l'humanisme une aspiration obscure à la Révélation, l'Église se consacre à une réforme générale de la société. Il s'agit d'élaborer un « parfait gentilhomme chrétien » sachant concilier ses devoirs mondains et les exigences du christianisme. Deux ordres religieux s'adonnent principalement à cette tâche : les capucins, installés en France depuis 1574, et les jésuites, qui veulent unir l'action à la contemplation. Un véritable renouveau mystique se produit alors, auquel participent, entre autres, François de Sales et Nicolas Caussin

• 1618-1648 : guerre de Trente Ans.

• **1624-1642** : ministériat de Richelieu.

• 1628 : siège et prise de La Rochelle aux mains des protestants par les troupes royales.

• 1633 : condamnation de Galilée (1564-1642) par l'inquisition romaine.

• 1621 : Théophile de Viau (1590-1626), *Œuvres poétiques* (→ 1624).

Recueil des odes et des élégies composées et publiées dans des ouvrages collectifs depuis 1610, et d'inspiration « libertine »*.

• 1623 : T. de Viau, *Pyrame et Thisbé*, tragédie. Alexandre Hardy (1572 ?-1632 ?), *Théâtre* (→ 1628). Principales tragédies : *Scédase*, *La Force du sang*, *Lucrèce*.

Charles Sorel (1599 ?-1674), *Histoire comique de Francion* (1re éd.), roman comique et satirique.

Paraît en 1626 une édition remaniée et augmentée de trois nouveaux livres. L'édition définitive, en douze livres, date de 1633.

C'est sur plus de dix ans l'itinéraire de Francion depuis le collège de Lisieux jusqu'à son mariage parisien avec la riche Anaïs. De ce roman d'apprentissage s'étendant complaisamment sur la vie grouillante et louche de la société, Francion est le héros picaresque, voyageant autant sur les routes que dans les milieux sociaux. Il s'en dégage une philosophie de l'existence très voisine du libertinage d'un T. de Viau.

• 1625 : Honorat de Racan (1589-1670), *Les Bergeries* (éd.), pastorale dramatique.

• 1626 : Jean Mairet (1604-1686), *Sylvie*, pastorale dramatique.

• 1627 : C. Sorel, *Le Berger extravagant* (éd. déf. 1628), roman pastoral parodique.

Les aventures cocasses d'un bourgeois de Paris qui rêve de se comporter comme les bergers de *L'Astrée*.

• 1629 : P. Corneille (1606-1684), *Mélite*, comédie et première pièce jouée du dramaturge.

• 1630 : N. Faret (1596-1646), *L'Honnête homme ou l'art de plaire à la cour*.

Ou comment être bon courtisan et parfait gentilhomme chrétien. Le plus grand succès des traités de civilité de l'époque.

F. de Malherbe (1555-1628), *Poésies* (éd. posthume)*. Recueil des élégies, stances et odes composées et publiées dans des recueils collectifs depuis 1580.

J. Chapelain (1595-1674), *Lettre sur la règle des vingt-quatre heures*.

(auteur, en 1624, de *La Cour sainte*, qui connaîtra d'innombrables rééditions). Les œuvres de charité se multiplient : fondation d'écoles, d'hôpitaux, création en 1631 de la Compagnie du Saint-Sacrement (trop souvent jugée à travers le prisme déformant de la bataille de *Tartuffe*). C'est le temps de saint Vincent de Paul (1576-1660) puis de saint Jean Eudes (1601-1680).

L'Hôtel de Rambouillet (cf. 1620)

Catherine de Vivonne, marquise de Rambouillet, surnommée « l'incomparable Arthénice », reçoit à partir de 1620 gens du monde et de lettres dans son hôtel, rue Saint-Thomas-du-Louvre. Elle accueille dans sa bientôt célèbre « chambre bleue » des écrivains (Malherbe, Racan, Voiture, Chapelain, Corneille, Rotrou, Scarron, plus tard encore Mme de Sévigné, Mme de La Fayette) et des grands seigneurs (le futur Grand Condé). Bientôt assistée de ses filles, Julie d'Angennes et Angélique, la marquise fait de son salon le centre du bon goût et de l'élégance, lequel connaît sa période la plus brillante entre 1630 et 1645.

Lieu de divertissement, le salon développe un art de la conversation, une poésie mondaine – dont Voiture (1597-1648) est le principal représentant – et le goût de l'analyse psychologique et sentimentale.

L'explosion baroque (env. 1598-env. 1630)

Appartenant à l'origine au vocabulaire de la joaillerie (pour désigner une pierre irrégulière), puis emprunté à l'histoire de l'art, le baroque succède et s'oppose, du moins en France, à l'esthétique de la Renaissance, fondée sur la mesure et l'équilibre des Anciens. Correspondant à peu près aux premières décennies du siècle, le baroque littéraire se caractérise par un goût du provisoire, de l'insaisissable, par une aspiration à la liberté et le rejet de toute règle et contrainte, par le triomphe des apparences et un hymne à la richesse foisonnante de la vie.

En poésie, les grands poètes baroques sont Théophile de Viau, Tristan L'Hermite (1601-1655) pour qui, bien avant les romantiques, les paysages sont des états d'âme, et Saint-Amand (1623-1661).

Le roman est, quant à lui, partagé entre deux tentations contradictoires mais complémentaires : l'idéalisme du roman pastoral et héroïque (*L'Astrée* ; *Polexandre*) et la veine comique et satirique dont l'œuvre de Charles Sorel donne un exemple.

Au théâtre, le baroque triomphe avec *L'Illusion comique* (1636) de Corneille.

• 1634 : J. Mairet, *Sophonisbe*, tragédie.

Ouverture du premier théâtre du Marais.

• 1635 : la France déclare la guerre à l'Espagne et entre dans la guerre de Trente Ans.

• 1635 : fondation de l'Académie française.

• 1636 : P. Corneille, *L'Illusion comique,* comédie.

• 1637 : R. Descartes (1596-1650), *Discours de la méthode**.

Né à La Haye, en Touraine, Descartes, après avoir obtenu en 1616 une licence de droit, s'engage dans l'armée. Dès 1619, il forme le projet de « donner au public (...) une science aux fondements nouveaux ». Après un séjour à Paris (1625-1628) où il rédige les *Règles pour la direction de l'esprit* (1628), tout en menant une vie mondaine, il s'installe en Hollande. La condamnation de Galilée (1633) l'incite à ne pas publier son *Traité du monde*.

En 1637, il publie à Leyde, anonymement et (originalité majeure) en français, son *Discours de la méthode*, vaste préface en réalité aux trois essais scientifiques qui en sont l'application : *La Dioptique, Les Météores* et *La Géométrie*. Accusé d'athéisme par les uns, d'hérésie par les autres, Descartes réplique par ses *Méditations métaphysiques* (1641), démontrant l'existence de Dieu. Tout en étant une explication mécaniste des fonctions du corps, les *Passions de l'âme* (1649) développent une morale finaliste : les « passions », en soi ni bonnes ni mauvaises, peuvent devenir la matière même de la vertu et de la générosité par la volonté et l'application qu'on en fait. La morale des héros cornéliens n'est guère éloignée de cette conception.

Appelé auprès de Christine de Suède pour lui enseigner la philosophie, Descartes meurt à Stockholm le 11 février 1650.

• 1637 : Corneille, *Le Cid*, tragi-comédie*.

• 1638 : naissance de Louis XIV.

Premier grand succès de Corneille qui l'impose comme le meilleur dramaturge de sa génération, *Le Cid* de 1637 est une œuvre de mutation. Esthétiquement, la pièce se rattache aux comédies antérieures du poète : le drame de Chimène et de Rodrigue est une variante des amours contrariées sur lesquelles elles reposaient. L'accumulation des événements, l'expressionisme de l'écriture et des thèmes en font une tragi-comédie par excellence. Mais *Le Cid* annonce aussi les tragédies futures que sont *Horace*, *Cinna* et *Polyeucte*. Tous les protagonistes parcourent le cycle initiatique inauguré par Rodrigue, en surmontant les épreuves de la nature, de la famille et de l'État. Tous sont, d'une manière ou d'une autre, des criminels, dont l'État sauve et récupère l'héroïsme, qui n'est autre qu'une quête de l'autonomie de soi, ancrée par le désir

L'influence baroque ne disparaîtra jamais complètement. Preuve en est le *Dom Juan* de Molière (1665), dont le héros est, à bien des égards, une figure exemplairement baroque.

Érudits et libertins (cf. 1621, 1623)

Le « siècle des saints » est aussi le siècle des libertins. À côté du « libertinage de mœurs » existe un « libertinage érudit » qui, s'appuyant sur la raison humaine, conteste la validité d'une société et d'un régime qui se réfèrent au catholicisme.

Gabriel Naudé (1600-1663) se fait le chantre de la relativité des choses et de la tolérance dans son *Apologie pour les grands personnages soupçonnés de magie* (1625). Dans son *De vita et moribus Epicuri* (1647), Pierre Gassendi (1592-1655) contribue à répandre la philosophie matérialiste d'Épicure. À partir de 1654, les *Discours*, *Traités* et *Dialogues* de La Mothe Le Vayer (1588-1672), dont la pensée a vraisemblablement influencé Molière, contestent les pratiques religieuses. Des poètes et romanciers comme Théophile de Viau, Tristan l'Hermite, Saint-Amant ou Cyrano de Bergerac se rattachent au courant libertin. Non sans risque : T. de Viau échappe de justesse à la mort en 1634. Littérairement, leur arme préférée est le burlesque, esthétique de la contestation des normes et des valeurs établies.

La réforme poétique de Malherbe (cf. 1630)

« Enfin Malherbe vint… » (Boileau). Son rôle dans l'évolution de la poésie française est en effet considérable. Bien qu'il n'ait jamais rédigé d'art poétique, de son œuvre et de ses annotations en marge des poèmes de Desportes se dégagent des principes dont se réclamera le classicisme : clarté de la langue (refus des archaïsmes, des néologismes, des ambiguïtés), de la syntaxe (pas d'inversion audacieuse), règles métriques draconiennes (condamnation de l'hiatus, des enjambements, des rimes entre mots de même famille, des strophes féminines). Pour Malherbe, la poésie est d'abord affaire de technique et de métier, non d'inspiration. C'est rompre avec la conception baroque et même avec une partie du programme poétique de La Pléiade. Parmi ses poèmes les plus célèbres : « Au Roi », sonnet ; « Consolation à monsieur du Périer ».

de porter jusqu'aux limites les plus larges la liberté et la capacité d'action de l'homme.

• 1640 : Corneille, *Horace*, tragédie.

Cornélius Jansen (1585-1638) dit Jansénius, *Augustinus*, traité théologique*.

• 1641 : Mlle de Scudéry (1607-1701), *Ibrahim ou l'illustre Bassa*, roman précieux.

R. Descartes, *Méditations métaphysiques* (d'abord publiées en latin, puis en français en 1647).

• 1642 : mort de Richelieu.

• **1643** : mort de Louis XIII ; régence d'Anne d'Autriche ; ministériat de Mazarin (→ 1661) ; bataille de Rocroi.

• 1642 : Corneille, *Cinna*, tragédie.

• 1643 : Corneille, *Polyeucte*, tragédie.

Avec *Polyeucte* se clôt le cycle de la « tragédie du héros » initié par *Le Cid*. Rodrigue trouvait dans le service de l'État la conciliation de ses devoirs et de sa passion ; Horace, l'oubli de son crime ; Auguste, sa légitimité. L'État faisait vivre le héros. Polyeucte, lui, s'élève contre l'État, qui l'exécute. Désormais, les rapports du politique et de l'héroïque deviennent fondamentalement conflictuels.

P. Scarron (1610-1660), *Œuvres burlesques** (1643-1648).

• 1644 : Corneille, *La Mort de Pompée*, tragédie ; *Le Menteur*, comédie.

Tristan L'Hermite (1601-1655), *La Mort de Sénèque*, tragédie.

• 1645 : Corneille, *Rodogune*, tragédie.

J. Rotrou (1609-1650), *Le Veritable Saint Genest*, tragédie baroque et religieuse.

À la demande de l'empereur Dioctétien, le comédien Genest monte une tragédie relatant le martyre du chrétien Adrian, interprété par Genest lui-même. Transporté par son personnage, Genest cesse soudain de jouer son rôle pour proclamer sa conversion au christianisme. Condamné à mort, il est exécuté. Mêlant jusqu'à les inverser les rapports de la fiction et du réel, cette pièce, la plus célèbre de Rotrou, est le chef-d'œuvre de la tragédie baroque.

• 1647 : G. de La Calprenède (1610-1663), *Cléopâtre*, roman héroïque en douze volumes, dont le dernier paraît en 1658.

J. Rotrou, *Venceslas*, tragédie.

Le cartésianisme et le *Discours de la méthode* (cf. 1637)

Le *Discours de la méthode* est une autobiographie intellectuelle. La pluralité des opinions, la diversité des expériences et le poids des préjugés, constate Descartes, rendent difficile l'accès à la vérité. D'où la nécessité d'une méthode rigoureuse, fondée sur quatre règles : le doute, afin de n'admettre comme vrai que ce qui est assuré ; la division des problèmes en autant de parties que nécessaires pour mieux les résoudre ; raisonner en allant du plus simple au plus complexe ; ne rien omettre par le recours aux « revues générales ».

En attendant de parvenir à la vérité, Descartes élabore une « morale par provision » consistant à se plier aux lois et coutumes de son pays. Sur le plan métaphysique, l'imperfection de la pensée (inhérente au doute) suppose l'idée de perfection, qui ne peut provenir que d'un être lui-même parfait : Dieu, garant des vérités éternelles.

Rompant avec la tradition scolastique et même l'aristotélisme jusqu'alors dominant, Descartes affirme l'autonomie de la raison, ce qui lui vaut l'approbation des libertins érudits (même si ceux-ci discutent certains points de sa doctrine). Mais l'idée d'un Dieu totalement libre, si libre qu'il n'est assujetti à rien, pas même à la nécessité, au bien ou à la vertu, inquiète les croyants.

Dieu n'est-il pas alors trop indifférent ? Et reste-t-il nécessaire si la raison est autonome ? Le rationalisme de Descartes finit par apparaître si suspect que Louis XIV interdit le *Discours* en 1685.

La querelle du *Cid* (cf. 1637)

Si *Le Cid* fut un triomphe, il suscite, de la part des « doctes », l'une des querelles les plus vives du siècle.

Chronologie : vers le 20 février, Corneille publie l'*Excuse à Ariste* dans laquelle, ivre de succès, il revendique hautement son indépendance et son originalité ; fin mars, Mairet publie *L'Auteur du vrai « Cid » espagnol à son traducteur français*, où il accuse Corneille d'avoir plagié la pièce de Guillén de Castro ; début avril, Scudéry publie ses *Observations sur Le Cid*, montrant que la pièce ne respecte aucune des « règles du poème dramatique » (vraisemblance, unités de temps, de lieu, d'action) ; mi-mai, *Lettre apologétique* de Corneille, qui est un refus d'engager la discussion ; fin mai, Scudéry demande l'arbitrage de la jeune Académie française ; 20 décembre, parution, en 192 pages *in octavo*, des *Sentiments français touchant les Observations faites sur la tragi-comédie du Cid* (titre original).

C. de Vaugelas (1585-1650), *Remarques sur la langue française utiles à ceux qui veulent bien parler et bien écrire.*

Ami de Malherbe, familier de l'Hôtel de Rambouillet, académicien et l'un des maîtres d'œuvre du *Dictionnaire de l'Académie*, Vaugelas élabore un code du bon usage, destiné aux « honnêtes » gens : « C'est la façon de parler de la plus saine partie de la Cour, conformément à la façon d'écrire de la plus saine partie des auteurs du temps » (*Préface*). Tour à tour dictionnaire, grammaire, traité de phonétique et de stylistique, l'ouvrage, en dépit du subjectivisme et de quelques erreurs de son auteur, codifie l'éthique linguistique de la société mondaine.

• 1648 : paix de Westphalie, mettant fin à la guerre de Trente Ans ; début de la Fronde du Parlement, suivie de la Fronde des Princes (→ 1652).

• 1648 : P. Scarron, *Virgile travesti*, poème burlesque. J. Rotrou, *Cosroès*, tragédie.

• 1649 : R. Descartes, *Des passions de l'âme.* A. Furetière (1619-1688), *L'Énéide travestie*, poème burlesque.

Mlle de Scudéry, *Artamène ou le Grand Cyrus*, roman héroïque et précieux, dont la publication s'échelonne jusqu'en 1653.

Entre d'innombrables histoires intercalaires, le roman retrace la quête mouvementée du grand Cyrus, fils de Cambise, roi des Perses, pour retrouver sa chère Mandane. Lançant la mode des portraits, c'est une peinture de la société mondaine, notamment celle qui fréquente l'Hôtel de Rambouillet. Roman autant que traité d'honnêteté, l'œuvre est un art d'aimer, de converser et constitue l'un des fondements de la préciosité.

• 1651 : Corneille, *Nicomède*, tragédie.

• 1652 : fin de la Fronde et victoire politique de Mazarin.

P. Scarron, *Le Roman comique*, roman burlesque et réaliste, dont la seconde partie paraît en 1657.

Les pérégrinations d'une troupe de comédiens dans la province du Maine. La peinture de la vie provinciale et d'une troupe itinérante rattache l'œuvre à la veine réaliste. Les mésaventures de Ragotin, en particulier, relèvent, quant à elles, du burlesque. Parmi les digressions qui interrompent le cours de l'action, figurent quatre nouvelles « espagnoles », dont l'intérêt est double : très romanesques d'un côté par leur intrigue, elles brouillent, d'un autre côté, par les intrusions de l'auteur, les procédés traditionnels du romanesque.

• 1654 : Mlle de Scudéry, *Clélie*, roman héroïque et précieux en dix volumes, dont le dernier paraît en 1660.

Enjeux : outre les remarques sur la langue et la métrique, la « querelle » a pour cœur la question de la bienséance : après la mort du Comte, Chimène peut-elle continuer d'aimer Rodrigue, puis l'épouser ? L'Académie ne le pense pas, donnant ainsi raison aux détracteurs de Corneille. Et de lui suggérer de modifier le dénouement. Remanié en 1648 et rebaptisé « tragédie », *Le Cid* est profondément modifié dans sa version de 1660, au point que l'on peut légitimement parler, à partir de cette date, de l'existence de deux *Cid*. Le mariage devient plus hypothétique.

Le choix d'*Horace*, en 1640, est peut-être un effet de la « querelle ». Mairet et Scudéry triomphant alors avec des tragédies à sujet romain, Corneille a-t-il voulu vaincre ses détracteurs sur leur propre terrain ?

Le burlesque (cf. 1643, 1648, 1649)

Le burlesque se développe parallèlement à la préciosité et en réaction contre elle. Alors que la préciosité essaie de tout ramener à l'esprit dans une harmonieuse unité pour dominer la complexité du monde, le burlesque insiste sur la diversité des êtres humains, sur leurs contradictions, et souligne l'emprise du corps sur l'esprit.

Il s'appuie en fait sur une longue tradition (poésie satirique et gaillarde de l'Antiquité, du Moyen Âge, romans de Rabelais). Pittoresque, réalisme cru, bouffonnerie, peinture des désordres, des folies et des injustices du monde le caractérisent.

Le burlesque a gagné tous les genres : romanesque (avec le *Roman comique* de Scarron), poétique (où il prend souvent la forme d'une parodie de l'épopée, notamment dans *L'Énéide travestie* de Furetière et *Le Jugement de Pâris* de D'Assoucy, 1648), théâtral (avec *Don Japhet d'Arménie* de Scarron, 1651), satirique (avec Régnier et Th. de Viau). Si le burlesque joue sur le contraste entre la « grandeur » du sujet ou des personnages et la « bassesse » du style, il ne saurait toutefois se réduire à un simple divertissement ou à un pur exercice de style. Son esthétique renvoie à une éthique libertine, voire libertaire, contestant l'ordre moral et politique.

La préciosité (env. 1649-env. 1660)

Il faut se garder de juger la préciosité à travers *Les Précieuses ridicules* de Molière. Sa volonté de donner du « prix » à l'être humain, de policer les mœurs, l'apparente autant à un art de vivre qu'à une éthique. Sa quête de distinction – dans le langage, les habits, les sentiments – en fait une éthique.

L'action se déroule vers 509 avant notre ère, durant la guerre que Tarquin le Superbe mène contre Rome, après son expulsion, pour revenir au pouvoir. C'est l'histoire des amours mouvementées de Clélie, jeune noble romaine, et d'Aronce, fils de Porsenna, roi des Étrusques. La « Carte de Tendre », géographie allégorique de l'amour précieux, fut pour beaucoup dans le succès de l'œuvre qui, par ailleurs, dépeint sous le masque antique, la vie précieuse des salons.

• 1656 : Blaise Pascal (1623-1662), *Les Provinciales* (→ 1657), œuvre théologique et polémique.

Ouvrage de circonstance, né de l'exclusion du théologien janséniste Antoine Arnauld, *Les Provinciales* se composent de dix-huit lettres étalées sur quatorze mois. Les quatre premières défendent la thèse de la « grâce efficace ». Les six suivantes dénoncent le laxisme de la casuistique des Jésuites. Les lettres XI-XVI sont une réponse aux accusations de la Compagnie, les deux dernières reviennent sur la question de la grâce.

Pascal s'y révèle un polémiste exceptionnel, tour à tour ironique, indigné, rationaliste, d'une redoutable efficacité. Texte majeur appartenant tout autant à la littérature religieuse qu'à la littérature pamphlétaire.

• 1657 : abbé François d'Aubignac (1604-1676), *Pratique du théâtre*.

Rédigée pour l'essentiel quelque dix ans auparavant, cette « pratique » énonce et vulgarise les grands principes de la dramaturgie classique.

• 1659 : paix des Pyrénées, l'Espagne cédant à la France l'Artois et le Roussillon.

• 1660 : mariage de Louis XIV et de Marie-Thérèse d'Autriche, fille de Philippe IV d'Espagne.

• 1659 : Molière (1622-1673), *Les Précieuses ridicules*, comédie en un acte et en prose.

Deux gentilshommes, La Grange et du Croisy, décident de se venger de deux « pecques », Magdelon et Cathos, fille et nièce du bourgeois Gorgibus, qui les ont rebutés au prétexte qu'ils ne se conduisaient pas comme les héros des romans de Mlle de Scudéry. Survient le marquis de Mascarille, qui les enchante par ses (outrancières) manières mondaines et précieuses. Lorsque se joint à la compagnie le vicomte de Jodelet, faux héros militaire, les deux jeunes filles sont au comble du ravissement. On commence à danser au son des violons. La Grange et du Croisy reviennent alors, un bâton à la main, et rossent et dépouillent Mascarille et Jodelet, leurs deux valets, dont ils se sont servis pour se venger des deux précieuses, qui restent confuses de la mésaventure qui vient de leur arriver.

En France, le *mouvement* précieux apparaît dans les années 1650, mais il existe un *courant* précieux beaucoup plus ancien, qui plonge ses racines dans le Moyen Âge courtois.

Phénomène de société, la préciosité naît dans les salons, dont l'Hôtel de Rambouillet puis, après la Fronde, le salon de Mlle de Scudéry sont les plus célèbres. Foyers de la bienséance, de la politesse et de l'esprit, ils réunissent la meilleure société du temps, une « aristocratie de l'esprit », fatiguée par les intrigues et la rudesse de la vie de cour. La conversation y occupe une place prépondérante. Les habitués des « ruelles » composent volontiers des poèmes, poursuivent entre eux les débats esquissés ou développés dans les romans. Le mariage est-il, par exemple, compatible avec l'amour ? Car, naturellement, l'amour est le principal sujet de réflexion et de préoccupation.

Système de valeurs, la préciosité élabore un programme de revendications en faveur des femmes. Si certaines de ses adeptes refusent les réalités de l'amour, d'autre prônent le mariage à l'essai, militent pour la liberté de choisir son mari. Mais toutes vantent la galanterie, la lente complicité amoureuse qui permet de savourer les multiples nuances de la passion.

La préciosité s'est dépréciée sous son propre succès. Le souci d'épurer le langage, par l'élimination de termes « bas » ou « vulgaires », a conduit à des métaphores et périphrases ridicules. Il ne fallait pas dire : « un fauteuil », mais « les commodités de la conversation ». L'affectation des belles manières suscita un snobisme, propice à la caricature. La pruderie de certaines précieuses suscita quolibets et moqueries.

En 1658, l'abbé Michel de Pure (1620-1680) publie *La Précieuse ou le Mystère des ruelles*, roman sarcastique.

En 1659, Molière (1622-1673) crée *Les Précieuses ridicules*, comédie en un acte et en prose. La même année paraît le *Dictionnaire des précieuses* de Baudeau de Somaize.

Le jansénisme (cf. 1640, 1656)

Réformée par la jeune et mystique abbesse Angélique Arnauld, la vieille abbaye cistercienne de Port-Royal des Champs (dans la vallée de Chevreuse, près de Paris) connaît, à partir de 1625, un rayonnement de plus en plus vif, suscitant de nouvelles vocations et attirant une active élite intellectuelle (les « Solitaires » ou les « Messieurs de Port-Royal »). Autour du monastère, se créent des « Écoles », une bibliothèque, une imprimerie.

S'apparentant au genre de la farce, *Les Précieuses ridicules*, satire de mœurs, amusée et impitoyable, est le premier grand succès de Molière. Elles inaugurent une période (la seule, à vrai dire) de bonheur dramatique. À l'exception de *Dom Garcie de Navarre* qui fut un échec (1661), *Sganarelle* (1660), *L'École des maris* (1661) et *Les Fâcheux* (1661), sont des succès. Les premières polémiques éclatent en 1662 à propos de *L'École des femmes*. Les bien-pensants s'indignent des positions de Molière en faveur de la liberté pour une jeune fille de choisir son mari et l'accusent de ridiculiser le sacrement du mariage. Molière réplique par *La Critique de l'École des femmes* et par *L'Impromptu de Versailles* (1663).

• 1660 : Corneille, *Discours sur l'art dramatique*, textes théoriques.

• **1661** : mort de Mazarin ; arrestation de Fouquet ; début du règne personnel de Louis XIV (→1715).

• **1662-1683** : Colbert ministre.

• 1663 : première liste d'écrivains pensionnés par le pouvoir ; création de l'Académie des inscriptions et belles-lettres.

• 1662 : Mme de La Fayette (1634-1693), *La Princesse de Montpensier*, nouvelle historique.

Première œuvre de l'auteur, c'est le récit de la passion malheureuse de l'héroïne submergée par « la douleur d'avoir perdu l'estime de son mari, le cœur de son amant et le plus parfait ami qui fût jamais ». Avec son intrigue linéaire, son solide ancrage historique (les guerres de Religion) et sa peinture des ravages de la passion, la nouvelle rompt avec les techniques narratives traditionnelles.

• 1663 : Molière, *La Critique de l'École des femmes*, comédie.

Réponse aux « critiques » formulées par Donneau de Visé accusant Molière de plagiat, et aux précieuses et prudes choquées par les conceptions d'Arnolphe sur le mariage.

• 1665 : F. de La Rochefoucauld (1613-1680), *Réflexions ou Sentences et maximes morales*.

Dans sa version définitive (5ᵉ éd., 1678), l'œuvre regroupe 504 maximes. Son but est de dénoncer les « fausses » vertus de l'illusoire sagesse de l'antiquité et de l'humanisme païen de la Renaissance. Au centre est la dénonciation de l'amour-propre, « corrupteur de la raison ». L'originalité de l'œuvre réside moins dans la pensée que dans sa forme : jeu mondain relevant de l'art de la pointe, la maxime obéit à un idéal de concision (considérée comme une élégance) et de justesse dans l'analyse. Elle est l'héritière et l'illustration de *l'imperatoria brevitas*.

J. de La Fontaine (1621-1695), *Contes et nouvelles en vers*.

Une deuxième partie est publiée en 1666 ; une troisième en 1671. En 1674 paraissent les *Contes nouveaux* qui déclenchent un scandale.

Sous l'influence de l'abbé de Saint-Cyran (1581-1643), Port-Royal devient le principal centre de diffusion des idées de saint Augustin (354-430), condensées dans l'*Augustinus* de Jansénius, publié en 1640. La doctrine de la prédestination, selon laquelle le salut de la créature déchue résulte non des mérites humains, mais de la seule « grâce efficace », pur don de Dieu, suscite indignation, contestations et polémique. Cette théorie s'oppose en effet à la conception de la « grâce suffisante », selon laquelle Dieu offre le salut à chacun, mais que l'homme reste libre d'accepter ou de refuser, et que défendaient l'Église posttridentine et les jésuites. D'où une période d'attaques, de polémiques et de persécutions, dont les principaux moments sont les suivants :

– 1649 : condamnation par la Sorbonne de l'*Augustinus*, résumé en « cinq propositions » ;
– 1653 : condamnation de ces mêmes « propositions » par le pape Innocent X ;
– 1656 : Le Grand Arnauld (1612-1694) est exclu de la Sorbonne ;
– 1664-1665 : les religieuses de Port-Royal, refusant de signer le « formulaire » condamnant les « cinq propositions », sont excommuniées et persécutées par la police. Les « Petites Écoles » du monastère sont dispersées ;
– 1679 : interdiction au couvent de Port-Royal de recevoir des novices ;
– 1710 : destruction de Port-Royal des Champs ;
– 1711 : bulle *Unigenitus* condamnant l'*Augustinus* dans son ensemble.

Molière et la comédie (1659-1673)

Molière n'a rédigé ni traité ni dissertation sur la comédie. Mais ses préfaces et « avertissements » constituent un véritable corpus doctrinal :

• « Lorsque vous peignez les hommes, il faut peindre d'après nature. On veut que ces portraits ressemblent » (*La Critique de l'École des femmes*, sc. 6) ;
• Les mœurs du temps : le premier mérite de Molière est d'avoir été de son temps. *Les Précieuses ridicules* sont une peinture satirique des cercles précieux. *L'École des femmes* est la première grande comédie à traiter des problèmes de l'amour et du mariage. *Dom Juan* évoque le libertinage de la jeune cour des années 1660. *Le Bourgeois gentilhomme* se moque des prétentions nobiliaires de la bourgeoisie. *Tartuffe* stigmatise l'hypocrisie religieuse. *Le Misanthrope* aborde le problème de la sincérité et de la complaisance dans une société soumise à la volonté royale et aux règles de l'« art de plaire » ;
• Le particulier et le général : Molière refuse de confondre la comédie avec la satire personnelle, même si ses œuvres sont parfois animées d'un esprit satirique évident. En refusant de particulariser les vices, Molière atteint au général conformément à l'idéal classique de l'universel. La complexité de ses personnages les

D'inspiration galante et licencieuse comme il se doit, ces *Contes* importent moins par leur contenu souvent traditionnel que par leur esthétique : art de la narration, alliance du « piquant et de l'agréable », recherche de la « négligence ». C'est par eux que La Fontaine vient aux *Fables*. Il les reniera avant de mourir.

Molière, *Dom Juan*, comédie.

Jouée durant la « bataille de *Tartuffe* », la pièce doit peu aux comédies de ses prédécesseurs espagnols italiens et français. Molière y poursuit ses attaques contre le parti dévot, fait de son héros un libertin rationaliste, animé d'un orgueil presque luciférien. À la deuxième représentation, la fameuse scène du Pauvre (III, 2) disparaît. La pièce disparaît très tôt de l'affiche. C'est la seule que Molière ne jouera plus de son vivant.

• 1666 : création de l'Académie des sciences.

• 1666 : N. Boileau (1636-1711), *Satires* (→ 1705).

S'inspirant de Juvénal, d'Horace ou de Régnier, ces *Satires* constituent un précieux document sur la société de l'époque (préciosité, éducation féminine, débat philosophique, gratifications royales). Boileau leur assigne une vocation très « classique » : « La Satire, en leçons, en nouveautés fertiles / Sait seule assaisonner le plaisant et l'utile / Et, d'un vers qu'elle épure aux rayons du bon sens [...] / Va venger la raison des attentats d'un sot » (Satire II).

A. Furetière (1619-1688), *Le Roman bourgeois*, roman satirique et réaliste.

Un anti-roman, brisant les conventions du genre. La première partie tresse deux intrigues : celle de Javotte, naïve et courtisée par un avocaillon, et celle de Lucrèce, séduite et abandonnée par un marquis. La seconde partie relate les mésaventures sentimentales et professionnelles de l'écrivain Charoselle. Comme l'indique le titre, l'œuvre est une peinture de la petite et moyenne bourgeoisie parisienne, riche en notations prises sur le vif et féroce à bien des égards.

Molière, *Le Misanthrope*, comédie.

Au travers de l'amour impossible d'Alceste le « misanthrope » et de Célimène la « coquette », Molière met en scène et en question l'art de plaire comme stratégie essentielle des mondains. Mais Alceste, en contradiction permanente avec l'idéal de l'honnêteté, est lui-même l'objet de railleries. D'où l'ambiguïté fondamentale de la pièce.

rend à l'image même de la vie. Par leurs obsessions (le « sans dot » d'Harpagon ; le « Pauvre homme » d'Orgon) qui montrent comment une « passion » contamine toutes les attitudes et tous les actes d'un être, ses personnages finissent par devenir des types ;

• Si la « grande règle » est de plaire, le but reste de « corriger les mœurs » par le rire. Toutefois, le rire n'est pas toujours sanction, mais amusement devant le spectacle de la folie des hommes : le « bourgeois gentilhomme » ne guérit pas de sa folie, bien au contraire, et les siens finissent par le conforter dans ses « chimères ». Comme si la comédie moliéresque s'enfonçait dans l'imaginaire et renonçait à châtier.

Le classicisme (env. 1661-env. 1685)

Il n'y a pas d'école classique au sens où il y eut plus tard une école naturaliste : le mot même est, dans ce sens, d'invention tardive (XIXe siècle).

Le rayonnement culturel est un élément majeur de la politique de grandeur que mène Louis XIV. Le roi protège les écrivains (du moins ceux qui lui conviennent). En 1663, l'Académie des inscriptions et belles lettres est créée ; en 1666, c'est l'Académie des sciences. Un système de pensions instaure le mécénat royal. En quelques années se produit une royalisation des arts et des lettres. En même temps existe un public homogène, la Cour et la Ville (la haute bourgeoisie parisienne), qui possèdent un idéal : l'« honnêteté ».

L'« honnête homme » est d'abord celui qui sait briller et plaire en société. Il possède des manières raffinées, une conversation agréable. Cultivé, appréciant la littérature, il déteste le pédantisme, préfère le naturel et la simplicité. Par ailleurs, le climat intellectuel et moral se modifie. L'atmosphère de jeunesse et de gaieté de la Cour, les espoirs que suscite Louis XIV ne conviennent guère au stoïcisme jusqu'alors à la mode et même à l'héroïsme cornélien.

Plus qu'une doctrine ou qu'un dogme, le classicisme est un état d'esprit, une manière de concevoir le monde, donc de le décrire. L'idée majeure est que l'être humain évolue dans un univers achevé, aux lois rigoureuses. La conséquence est le primat des règles et des normes sociales. La raison est un guide (au sens très général de recherche des lois de la nature et de la vérité).

Aussi l'art classique se caractérise-t-il par une certaine impersonnalité, voire une certaine austérité : il faut rechercher la généralité, éviter ce qui est trop particulier (à un pays, à un homme) de façon à tendre vers l'universalité, à saisir l'homme de tous les temps et de tous les lieux.

Ennemis des excès, du burlesque comme de la préciosité, les classiques sont partisans d'une expression modérée : style dense, sobre, soucieux de justesse

• 1667-1668 : guerre de Dévolution.

• 1668 : paix d'Aix-la-Chapelle (Louis XIV abandonne la Franche-Comté contre des places flamandes, dont Lille).

• 1667 : Racine (1639-1699), *Andromaque*, tragédie*.

Après *La Thébaïde* (1664) et *Alexandre* (1665), *Andromaque* est le premier grand succès de Racine, inaugurant une décennie triomphale.

Oreste aime Hermione qui aime Pyrrhus qui aime Andromaque qui demeure fidèle au souvenir d'Hector : cette chaîne (d'origine pastorale) des amours non payées de retour, prolonge la guerre de Troie et conduit à une démystification des valeurs héroïques et galantes. Dans un huis clos étouffant : qui aime torture.

• 1668 : La Fontaine, *Fables* (→1694)*.

Publication des six premiers livres, dédiés au Dauphin et encore très marqués par la conception ésopique du genre. En 1678-1679, paraissent les livres VII à XI, dédiés à Mme de Montespan, et qui, tant dans les thèmes que dans l'esthétique, renouvellent profondément l'art de la fable. En 1694, paraît enfin le livre XII, dédié au duc de Bourgogne.

Molière, *Amphitryon*, *George Dandin*, *L'Avare*, comédies. Racine, *Les Plaideurs*, unique comédie du dramaturge.

• 1669 : Racine, *Britannicus*, tragédie.

La Fontaine, *Les Amours de Psyché et de Cupidon*, récit prosimétrique.

G. de Guilleragues (1628-1685), *Lettres portugaises*, roman épistolaire.

Cinq lettres écrites par une religieuse portugaise, Mariane, à un gentilhomme français ayant servi au Portugal. Retraçant l'histoire d'une femme séduite puis abandonnée, cette correspondance sans réponse constitue un long monologue où s'expriment toutes les manifestations de la passion, de l'illusion à l'amère lucidité. Cette fiction autobiographique et épistolaire connut de nombreuses imitations.

Molière, *Tartuffe*, comédie (version définitive).

La première version est représentée pour la première et unique fois le 12 mai 1664 à Versailles. Sous la pression du parti dévot qui la considère comme « absolument injurieuse à la religion », elle est aussitôt interdite. En 1667, Molière en présente une deuxième version sous le titre de *L'Imposteur*, également interdite. Le décès de la pieuse Anne d'Autriche (1666) et la « Paix de l'Église » (3 février 1669) conduisent à un apaisement du climat. La pièce est enfin jouée le 5 février 1669.

La captation de l'héritage d'Orgon (qui échoue *in extremis*) par

et de précision, d'où l'importance accordée à la « vraisemblance » (des « vérités raisonnables ») et aux bienséances.

Fondée sur l'esthétique de l'« imitation » (des Anciens), la « tragédie classique » obéissant, entre autres contraintes, aux unités de lieu, de temps et d'action, à la vraisemblance (« tout ce qui est conforme à l'opinion du public » de l'époque), est « une action de caractère élevé et complète [...] dans un langage relevé d'assaisonnements d'une espèce particulière [...], une imitation qui est faite par des personnages en action [...] et qui, suscitant pitié et crainte, opère la purgation propre à de pareilles émotions » (Aristote, *Poétique*).

En fait, comme souvent à propos des courants artistiques, c'est moins la doctrine qui importe que les œuvres qui s'en réclament et qui, par un jeu d'influences, la définissent et la nuancent.

La dramaturgie racinienne (1664-1691)

Simplicité de l'action (à l'exception toutefois de *Mithridate*) : « Toute l'invention consiste à faire quelque chose de rien » (préface de *Bérénice*), huis clos étouffant et paradoxal, où le héros ne peut vivre, mais hors duquel il meurt, temps compté, finissant toutefois par manquer, « médiocrité » des personnages, ni complètement coupables ni totalement innocents, passion irrésistible, irrationnelle, destructrice, constamment frappée d'un interdit : tels sont les grands principes de la dramaturgie racinienne.

La fatalité y est plus évoquée, invoquée que réelle et active. Ornement poétique, elle est une reconstitution de l'existence, une forme de « mauvaise foi », quand, incapable d'assumer ses actes, le personnage préfère se poser en victime plutôt qu'en responsable de sa propre perte.

Le Verbe est souverain : non seulement parce que, jamais autant que dans la tragédie racinienne, parler c'est faire, mais aussi, parce que, jamais autant « poème dramatique, celle-ci est avant tout poésie : par l'alliance des enjeux dramatiques et des résonances culturelles, par les allusions mythologiques, par l'évocation des éléments constitutifs de l'univers, où le lyrisme puise sa source, par les effets musicaux et stylistiques (usage particulier de la coupe, jeu des sonorités). Composant un rituel implacable et fastueux, la tragédie racinienne devient une « cérémonie » de la mort annoncée.

Tartuffe, escroc et faux dévot : un tel sujet, aussi religieux que politique, ne pouvait être que sulfureux et délicat.

Comment distinguer en effet la vraie de la fausse dévotion si l'« hypocrite » (le mot désigne en latin un acteur) joue bien son rôle ?

B. Pascal (1623-1662), *Pensées**.

C'est, semble-t-il, à partir de 1656 que Pascal travaille à l'*Apologie de la religion chrétienne.* Il en élabore le plan en 1658. Restées inachevées en raison de la mort de leur auteur, les *Pensées* se présentent sous forme de fragments d'inégale longueur. La première édition est l'œuvre de Port-Royal et des amis de Pascal. Mais certains passages ont été réécrits, d'autres supprimés. Il faudra attendre l'édition de Brunschvicg (1897) pour disposer de la première édition solide (avant d'autres au XXe siècle).

• 1670 : traité de Douvres avec l'Angleterre, contre la Hollande.

• 1670 : J.-B. Bossuet (1627-1704), *Oraison funèbre d'Henriette d'Angleterre.*

Racine, *Bérénice*, tragédie.

Molière, *Le Bourgeois gentilhomme*, comédie-ballet.

• 1671 : Molière, *Les Fourberies de Scapin*, comédie. Mme de Sévigné (1626-1696), *Lettres* (→ 1696).

Cousine de Mme de La Fayette, ayant fréquenté dans sa jeunesse l'Hôtel de Rambouillet, possédant ses entrées à la Cour, Mme de Sévigné a partagé sa vie entre la Bretagne et Paris.

Avec près de 1 400 lettres, sa correspondance, dont la première édition partielle date de 1696, constitue un témoignage impressionnant et divers sur l'époque. La plupart de ses lettres sont adressées à sa fille, Mme de Grignan, femme du lieutenant général de Provence, à qui elle voue une passion dévorante.

• 1672 : guerre de Hollande (→ 1678) ; passage du Rhin.

• 1672 : Molière, *Les Femmes savantes*, comédie. Racine, *Bajazet*, tragédie.

• 1673 : Racine, *Mithridate*, tragédie. Molière, *Le Malade imaginaire*, comédie.

• 1674 : Racine, *Iphigénie*, tragédie. Corneille, *Suréna*, dernière tragédie du poète. Boileau, *L'Art poétique* ; *Le Lutrin.*

Codification plus que manifeste du classicisme (dont les principes sont déjà fort connus), l'*Art poétique* comprend quatre « chants », dans lesquels Boileau expose ses conceptions :

– Chant I : exposé des principes généraux de la poésie (don inné ; prééminence de la raison ; travail ; lois de la versification) ;

Les *Fables* de La Fontaine (cf. 1668, 1678, 1694)

De la fable ésopique – récit bref illustrant une sèche moralité –, La Fontaine fait un genre littéraire à part entière. L'amplification du récit, la diversité des registres abordés, le renouvellement des thèmes et des personnages permettent l'évocation d'« une ample comédie à cent actes divers / et dont la scène est l'univers ». Si, conformément à l'idéal classique, la fable se doit de plaire et d'instruire, elle s'ouvre aux réflexions philosophiques (réfutation de la thèse de Descartes sur les « animaux-machines »), au débat politique (défense de Fouquet, condamnation de la politique coloniale de Colbert, prise de position sur la guerre de Hollande), à la satire sociale. Parfois « journal intime », elle élabore progressivement une sagesse et un art de vivre. Héritier d'un genre bimillénaire, La Fontaine le transforme si profondément qu'il le recrée. Ici conte, là pièce de théâtre, ailleurs miniature romanesque, satire, poème philosophique ou poésie amoureuse, la fable, malgré l'humilité affichée de son auteur, dissimule mal l'ambition de La Fontaine de pratiquer tous les tons et tous les genres au point de vouloir être le résumé de toute la littérature en un seul livre (et plusieurs recueils).

Les *Pensées* de Pascal (cf. 1669)

Rédigées à l'intention des libertins oublieux de leur salut, les *Pensées* dressent le constat de la « misère de l'homme sans Dieu ». Incapable d'atteindre par lui-même la vérité, constamment égaré par les « puissances trompeuses », placé entre l'infiniment grand et l'infiniment petit, l'homme n'est rien. Ne supportant pas de regarder sa « misère » (la vieillesse, la mort) en face, il préfère s'étourdir dans le « divertissement » (au sens large de tout ce qui détourne de la vérité). Seul Dieu procure donc le vrai bonheur.

Pascal range les hommes en trois catégories : ceux qui recherchent la possession et la domination (l'« ordre des corps ») ; les penseurs (« l'ordre de l'esprit »), et ceux qui aspirent à l'amour de Dieu (« l'ordre de la charité »). Ces derniers savent (conformément à l'idée janséniste) que, si leur salut dépend de la grâce de Dieu, il leur appartient d'accompagner la volonté divine. C'est pourquoi l'homme conserve sa part de liberté et de responsabilité.

À ceux qui n'ont pas une connaissance intuitive de Dieu, Pascal fournit des arguments en faveur de la vérité du christianisme (prophéties et miracles contenus dans la Bible), et de l'excellence de la morale chrétienne.

Pascal distingue le plan de la logique (esprit de géométrie, art de convain-

– Chant II : étude des « petits genres » (élégie, rondeau, épigramme, satire) ;
– Chant III : les genres (tragédie, comédie, épopée).
– Chant IV : de la poésie et du poète.

Le Lutrin est un poème héroï-comique, qui, sur le mode de l'épopée bouffonne, dépeint les dissensions entre les chanoines de la Sainte-Chapelle.

• 1675 : mort de Turenne.

• 1677 : Racine, *Phèdre*, tragédie, le chef d'œuvre de Racine et de la tragédie classique en général.

• 1678 : Paix de Nimègue, mettant fin à la guerre de Hollande.

• 1678 : La Fontaine, *Fables* (Livres VII-XI).

Mme de La Fayette, *La Princesse de Clèves*, roman historique et d'analyse.

À la cour du roi Henri II paraît une jeune beauté, Mlle de Chartres, qui, après plusieurs projets de mariage avortés, épouse sans amour l'estimable prince de Clèves. Sitôt après son mariage, elle rencontre lors d'un bal le séduisant et volage duc de Nemours. Naît une passion réciproque, contre laquelle lutte Mme de Clèves, qui perd avec sa mère une conseillère affectueuse. Mme de Clèves finit par avouer à son mari la passion qui la dévore, mais sans lui dévoiler le nom de l'être aimé. M. de Clèves en meurt. Veuve, Mme de Clèves refuse pourtant d'épouser le duc. Elle meurt quelques années plus tard, en laissant « des exemples de vertu inimitables ».

• 1682 : installation officielle de la cour à Versailles.

• 1683 : mort de Colbert.

• 1685 : révocation de l'édit de Nantes.

Le roman connut dès sa parution un immense retentissement. Autant que par les motivations de l'héroïne sur lesquelles on continue de s'interroger, l'œuvre frappe par la variété et la modernité des techniques narratives. Le récit intérieur fond narration et analyse psychologique dans une prose fluide et poétique. Non sans excès dû à l'enthousiasme, on a vu dans *La Princesse de Clèves* le premier roman français.

• 1686-1697 : guerre de la Ligue d'Augsbourg.

• 1686 : Bernard de Fontenelle (1657-1717), *Entretiens sur la pluralité des mondes.*

• 1687 : Bossuet, *Oraison funèbre de Condé.*

C. Perrault (1628-1703), *Le Siècle de Louis le Grand* : début de la « querelle des Anciens et des Modernes » (→ 1715)*.

• 1688 : Jean de La Bruyère (1645-1696), *Les Caractères* (→ 1696)*.

• 1689 : Racine, *Esther*, tragédie biblique.

cre) et le plan de l'intuition et du sentiment (esprit de finesse, art de persuader). L'expression est donc la qualité essentielle : le style est naturel, adapté au sujet traité. Aussi Pascal passe-t-il du lyrisme (lorsqu'il évoque, par exemple, l'homme perdu dans l'univers) au raisonnement logique, de l'abstrait au concret. Par là, il contribue fortement à l'élaboration de la doctrine classique.

Le roman et la nouvelle

Participant de la « démolition du héros », le discrédit des romans héroïques (ainsi que l'influence des *Nouvelles exemplaires* de Cervantès), conduit au triomphe de la nouvelle : brève exposition, sujet dépouillé, vraisemblance de l'histoire et des caractères. Le ton est donné par les *Nouvelles françaises* de Segrais (1656), bientôt suivies par les nouvelles de Mme de La Fayette et les romans brefs de Mme de Villedieu (*Les Désordres de l'Amour*, 1675). L'histoire fournit la caution du réel (*Dom Carlos* de Saint-Réal, 1672) donnant même naissance au genre très particulier des *Mémoires* fictifs (*Mémoires de la vie d'Henriette-Sylvie de Molière* de Mme de Villedieu, 1674). Preuve de la vogue du roman historique de l'histoire romancée, *La Princesse de Clèves* apparaît aux yeux des lecteurs de l'époque comme une « nouvelle historique ».

La Bruyère et *Les Caractères* (cf. 1688)

La Bruyère est l'auteur d'un seul livre, mais qu'il n'a cessé d'enrichir : parus anonymement en 1688, *Les Caractères* grossissent au cours de leurs huit autres éditions. Se présentant comme une suite de maximes, de réflexions et de portraits, ils comportent seize chapitres. Après un chapitre consacré à la vie intellectuelle et littéraire (*Des ouvrages de l'esprit*) vient une série de chapitres consacrés à divers niveaux de la société (*Des biens de fortune* ; *de la Cour* ; *Des Grands*). Ils se terminent par deux chapitres sur la religion (*De la chaire* ; *Des esprits forts*). La Bruyère décrit les singularités, les contradictions et les étrangetés de l'être humain. Du même coup, sa peinture débouche sur une critique des institutions et des préjugés. Bien que La Bruyère ne soit ni un révolutionnaire ni un réformateur moderniste, la justesse de ses observations nourrit l'esprit critique. Choqué par l'immoralité de son temps, La Bruyère ne s'en étonne pas pour autant, convaincu qu'il est que l'homme n'est pas naturellement bon. Pas plus que sur le plan politique, il n'est moderniste dans le domaine religieux. Entre l'indignation et la fidélité à la tradition, La Bruyère représente intellectuellement une époque de transition.

• 1691 : mort de Louvois.

• 1697 : traités de Ryswick.

• 1691 : Racine, *Athalie*, tragédie biblique.

• 1692 : La Fontaine, *Fables* (Livre XII).

• 1694 : première édition du *Dictionnaire de l'Académie française*.

• 1696 : Pierre Bayle (1647-1706), *Dictionnaire historique et critique*.

François Regnard (1655-1709), *Le Joueur*, comédie.

• 1697 : Charles Perrault, *Histoires ou Contes du temps passé avec des moralités*, recueil de contes en prose. Expulsion des comédiens Italiens.

• 1699 : Fénelon (1651-1715), *Télémaque*, roman*.

Écrits dans la prolongation de l'*Odyssée*, les 18 livres du roman présentent toutes les caractéristiques d'une épopée en prose. Destinée au jeune duc de Bourgogne, l'œuvre est un roman d'apprentissage et d'éducation princière, qui développe un art de bien régner et de se comporter en gentilhomme chrétien. L'intérêt politique et pédagogique cède toutefois devant la fluidité de la prose fénelonienne, dans laquelle les poètes des XVIIIe et XIXe siècles verront un parfait exemple de prose poétique.

• 1708 : Jean-François Regnard (1655-1709), *Le Légataire universel*, comédie.

Après avoir donné des arlequinades pour la Comédie-Italienne, Regnard écrit pour la Comédie-Française de petites pièces en un acte, puis de grandes comédies. Satire réaliste et parfois inquiétante du jeu, alors fort à la mode, *Le Joueur* (1698) fut son premier vrai succès. Histoire d'une captation d'héritage réussie grâce à l'imagination d'un valet, *Le Légataire universel* multiplie les effets comiques : la rivalité de Géronte, avare, riche, toujours malade, qui prétend épouser Isabelle, aimée de son neveu Éraste, donne lieu à des quiproquos, des déguisements et même à la « résurrection » de Géronte, cru mort, mais sortant d'une léthargie.

• 1709 : Alain-René Lesage (1668-1747), *Turcaret*, comédie.

Chef-d'œuvre du dramaturge (par ailleurs romancier), *Turcaret* est une peinture féroce du monde de la finance. C'est l'ascension puis la chute de Turcaret, ancien laquais. Pour virulente qu'elle soit, la satire n'a rien de révolutionnaire : au règne de Turcaret succède celui de Frontin, son ancien valet, aussi malhonnête que naguère son maître.

La querelle des Anciens et des Modernes (cf. 1687-1715)

Elle marque la fin du règne de Louis XIV et du classicisme. Une première « querelle » avait éclaté dans les années 1650-1674 : il s'agissait de savoir si le merveilleux devait rester païen et mythologique ou s'il pouvait devenir chrétien. Autrement dit : pouvait-on concurrencer les modèles du passé avec des épopées nationales ou des œuvres d'inspiration chrétienne ? La médiocrité des œuvres qui tentèrent de renouveler les sources d'inspiration traditionnelles apaisa le débat. Mais un parti s'était constitué : on commençait à contester la supériorité des Anciens. Une controverse autour des inscriptions relança l'affaire en 1676-1677 : quelle langue, du latin ou du français, fallait-il retenir pour les inscriptions ornant les monuments du règne de Louis XIV ?

En 1687, Charles Perrault lit à l'Académie française un poème, *Le Siècle de Louis le Grand*, dans lequel il vante l'éclatante supériorité du XVIIe siècle sur l'Antiquité : c'est renoncer à la doctrine de l'« imitation » ; croire au progrès ; revendiquer la liberté dans l'art. Cette lecture provoque des remous d'autant plus vifs que Perrault maintient et illustre sa thèse dans ses *Parallèles des Anciens et des Modernes* (1688-1697). La société cultivée et les doctes se divisent. Parmi les défenseurs des Anciens : Racine, La Fontaine, Bossuet, La Bruyère et Boileau qui, avec son *Traité du Sublime* (1674) et ses *Réflexions sur Longin* (1694), apparaît comme le chef de file. Du côté des Modernes, outre des mondains et des poètes galants : Fontenelle, Saint-Evremond, Thomas Corneille et, bien sûr, Perrault.

La Querelle s'acheva par une réconciliation entre Boileau et Perrault, officiellement sans vainqueur ni vaincu. Elle consacre en fait la victoire des Modernes. Le classicisme avait vécu sur le culte des Anciens. La Querelle mettait l'accent sur les limites de cette conception. Ranimée au début du XVIIIe siècle (1713-1715) par le débat qui oppose l'helléniste Mme Dacier au « moderne » Houdart de La Motte, elle favorise l'éclosion d'une esthétique « rationaliste », propice à un renouvellement de la littérature.

4

Le XVIIIe siècle

• 1702-1713 : guerre de Succession d'Espagne.

• 1705 : bulle *Vineam domini* contre le jansénisme.

• 1709 : « le grand hyver » ; famine.

• 1711 : destruction de Port-Royal.

• 1713 : traités d'Utrecht mettant fin à la guerre de Succession d'Espagne ; bulle *Unigenitus* contre le jansénisme.

• **1715** : mort de Louis XIV ; régence de Philippe d'Orléans (→ 1723).

• 1720 : faillite du système de Law.

• 1713 : Robert Challe (1659-1721), *Les Illustres françaises*, roman.

Selon une technique rappelant celle de *L'Heptaméron*, *Les Illustres françaises* comportent sept « histoires », racontées par des amis, dont chacun est tour à tour auditeur, narrateur ou acteur, et présentées comme « des histoires véritables où l'on trouve dans des caractères particuliers et fort différents un grand nombre d'exemples rares et extraordinaires des belles manières, de la petitesse et de la galanterie des personnes de l'un et de l'autre sexe ». Un des chefs-d'œuvre de la littérature romanesque.

• 1715 : A. R. Lesage, *Histoire de Gil Blas de Santillane* (→ 1735).

Déjà romancier à succès avec *Le Diable boiteux* (1707), Lesage met vingt ans à rédiger *Gil Blas*. Roman picaresque, l'œuvre retrace les aventures et l'ascension du héros éponyme, qui de valet devient favori de deux ministres. C'est l'occasion d'une peinture de différents milieux sociaux, aussi corrompus les uns que les autres.

• 1716 : retour, à la demande du Régent, des comédiens Italiens.

• 1718 : Voltaire (1694-1778), *Œdipe*, tragédie.

Plus célèbre de son vivant pour son théâtre que pour ses contes, Voltaire inaugure avec *Œdipe* sa carrière de dramaturge. De 1718 à 1778, il n'écrit pas moins de vingt-sept tragédies. Fidèle à l'idéal classique, il oriente néanmoins le genre vers la tragédie philosophique.

• 1720 : Pierre Carlet de Chamblain de Marivaux (1688-1763), *Arlequin poli par l'amour*, comédie*.

Début de Marivaux comme dramaturge.

• 1721 : Montesquieu (Charles-Louis de Secondat, baron de (1689-1755), *Les Lettres persanes*, roman épistolaire*.

Poussés par « l'envie de savoir », deux Persans, Usbek et Rica, découvrent la France entre 1712 et 1720. Ils écrivent à leurs compatriotes pour leur faire part de leurs impressions et reçoivent en retour des nouvelles du sérail. Durant l'absence d'Usbek, un

L'évolution du roman (1699-1721)

Au tournant des XVIIe et XVIIIe siècles, le roman est en crise, malgré une production abondante : trop souvent prisonnier de la tradition héroïque, d'inspiration classique ou baroque, il demeure un genre méprisé, en quête de légitimité et d'une nouvelle esthétique (comment dépeindre un réel que la « crise de la conscience européenne » a rendu flou et instable ?). Pour échapper au reproche d'invraisemblance et de fiction, le roman se dissimule volontiers sous l'étiquette d'« histoire », d'« histoire secrète » ou de (pseudo-)mémoires : c'est la mode du roman historique et galant, privilégiant les beaux sentiments et (malgré tout) l'extraordinaire, propre à séduire un lectorat bourgeois, féru de sentimentalité, tandis que l'aristocratie se tourne de plus en plus vers le cynisme et le libertinage.

Trois œuvres émergent, au statut d'ailleurs particulier :

– *Les Aventures de Télémaque* de Fénelon (1699) ; mais est-ce un roman, un poème épique ou un traité d'éducation princière ? ;
– *Les Illustres Françaises* de Robert Challe (1713), qui s'orientent vers le roman de mœurs ;
– *Les Lettres persanes* de Montesquieu (1721), qualifiées par leur auteur d'« espèce de roman » et qui, par leur succès, ouvrent la voie au roman épistolaire.

À partir des années 1730, le roman se fait plus réaliste avec les œuvres de Lesage. Les grands romans de Marivaux sont autant une peinture du « moi » que des romans de l'ascension sociale. *Les Égarements du cœur et de l'esprit* de Crébillon père dépeignent, sans aucun sentimentalisme, les milieux aristocratiques libertins. Tout à la fois « mémoire » et « histoire », *Manon Lescaut* de Prévost (1731) prolonge le récit d'aventures, tout en s'ouvrant sur la description des mœurs de la Régence.

Il n'en demeure pas moins que malgré ces réussites exceptionnelles (très différentes les unes des autres quant à leur technique), le roman reste globalement considéré comme un genre mensonger, au mieux frivole, au pire inquiétant pour la morale et l'ordre public, dont les autorités tentent en 1737 d'interdire (en vain) la publication.

drame éclate : les femmes du sérail se révoltent et Roxane, la favorite, se suicide.

S'il n'invente ni le principe du roman épistolaire ni la technique du « regard étranger », Montesquieu n'en innove pas moins par l'« avantage de pouvoir joindre de la philosophie, de la politique et de la morale à un roman, et de lier le tout par une chaîne secrète et, en quelque façon, inconnue ».

La composition de l'œuvre est en effet très élaborée. C'est à la fois un roman oriental (les intrigues du sérail), un roman satirique sur la société française et un roman philosophique. Ces trois « romans » se répondent par une interaction permanente des points de vue. Sous une forme ironique, paradoxale ou faussement naïve, se pose la question centrale de la liberté, de la relativité et de la tolérance.

• **1723-1774** : règne personnel de Louis XV.

• 1723 : Marivaux, *La Double Inconstance*, comédie.

Succédant à *La Surprise de l'amour* (1722), *La Double Inconstance* est le premier grand succès de Marivaux.

Un prince fait enlever Silvia, une bergère qu'il veut épouser. Mais celle-ci s'est promise à Arlequin, un paysan de son village. En dame de la cour habile et cynique, Flaminia les détache l'un de l'autre. Le Prince épouse Silvia ; et Flaminia, Arlequin. Comédie heureuse et/ou ambiguë.

• **1726-1743** : ministère Fleury.

• 1725 : Marivaux, *L'Île des esclaves*, comédie.

À la suite d'un naufrage, Iphicrate et Arlequin abordent sur une île dont les habitants vivent en république. Une loi veut qu'on rende les maîtres « humains, raisonnables, et généreux ». Iphicrate est contraint de servir Arlequin, et Euphrosine, Cléanthis. Tous deux apprennent à leurs dépens la dure condition de domestique.

• 1727 : Marivaux, *Le Jeu de l'amour et du hasard*, comédie.

Avec l'accord de son père, Monsieur Orgon, Silvia décide de revêtir le costume et le rôle de sa servante Lisette, pour mieux observer Dorante, qui lui est promis. Mais celui-ci a eu la même idée : il prend la place de son valet Bourguignon. Dorante s'éprend de la pseudo-Lisette ; Silvia, du pseudo-Bourguignon. L'amour-propre lutte contre l'amour, sous le regard amusé du père, et du spectateur.

• 1730 : début du Salon* de Mme du Deffand (1697-1780) qui reçoit Fontenelle, Montesquieu, Marivaux, et entretient une correspondante avec Voltaire, d'Alembert, Walpole.

Marivaux et le marivaudage (cf. 1720, 1723, 1727, 1737)

Dans les comédies de ses prédécesseurs, l'amour ne lutte pas contre lui-même : sitôt né, il triomphe. Il lui faut seulement vaincre l'opposition de parents ou de rivaux. Marivaux n'use pas de ce ressort traditionnel de l'obstacle extérieur : « J'ai guetté, écrit-il, dans le cœur humain toutes les niches différentes où peut se cacher l'amour lorsqu'il craint de se montrer. » La « surprise » est pour le personnage qui, de feinte en esquive, retarde le plus longtemps possible le moment où, avant d'avouer son amour à l'autre, il doit se l'avouer à lui-même. La gestuelle, le langage revêtent dès lors une fonction révélatrice et anticipatrice. Souvent un « meneur de jeu » (Dubois, Flaminia) aide à ce passage du non-dit au conscient.

Ainsi le marivaudage est-il d'abord un art du dialogue et du langage. Comme l'écrit F. Deloffre, « nul n'avait songé avant [Marivaux] et nul n'a songé depuis à faire du dialogue un élément autonome, aux lois distinctes des lois psychologiques ordinaires, principe de progression, de trouble ou de retard » (*Une Préciosité nouvelle*, 1967).

Le marivaudage devient dès lors une investigation psychologique et morale :

> « C'est tantôt un amour ignoré de deux amants, tantôt un amour qu'ils sentent et qu'ils veulent se cacher l'un à l'autre ; tantôt enfin un amour incertain et comme indécis, un amour à demi-né, dont ils se doutent sans être bien sûrs et qu'ils épient au-dedans d'eux-mêmes avant de lui laisser prendre l'essor. »
>
> *La Surprise de l'amour.*

Les salons (cf. 1730, 1764)

Héritiers du XVIIe siècle, les salons, toujours refuges de la mondanité et du bel esprit, deviennent l'un des lieux privilégiés de la circulation et de la confrontation des idées. Les principaux sont ceux :

– de la marquise de Lambert (à partir de 1710) qui reçoit Fontenelle, Montesquieu, Marivaux ;
– de Mme du Deffand (à partir de 1747) chez qui se retrouvent écrivains, philosophes, économistes (Turgot, Necker) ;
– de Mme Geoffrin, protectrice de *L'Encyclopédie* ;
– de Julie de Lespinasse (à partir de 1764).

• 1731 : Marivaux, *La Vie de Marianne*, roman (→ 1741).

Autobiographie imaginaire et éducation sentimentale de Marianne, très tôt orpheline, aux prises avec les contraintes sociales et religieuses de son temps. L'intérêt réside dans le regard rétrospectif que l'héroïne jette sur son passé. L'un des premiers grands romans de l'« âme féminine ».

Antoine Prévost (abbé ; 1697-1763), *Manon Lescaut*, roman.

L'Histoire du chevalier Des Grieux et de Manon Lescaut constitue le septième et dernier tome des *Mémoires et aventures d'un homme de qualité*, dont le premier volume paraît en 1728.

Roman de l'amour fatal qu'éprouve le chevalier pour la belle Manon, dominée par un fort « penchant au plaisir », l'œuvre s'enracine dans le réalisme (époque de la Régence) et joue souvent sur la double tonalité picaresque et comique. Analysant sans en dissiper le mystère l'énigme de la passion, elle illustre l'essor d'une nouvelle sensibilité : inquiétude, mélancolie, pathétique de l'enterrement de Manon, attendrissement. Ce récit à la première personne use avec une subtilité redoutable des points de vue.

• 1732 : Marivaux, *Le Triomphe de l'amour* ; *Les Sentiments indiscrets*, comédies.

Voltaire, *Zaïre*, tragédie.

• 1734 : Marivaux, *Le Cabinet du Philosophe*, essai.

Réflexions morales et esthétiques d'un « homme d'esprit » publiées en périodique de janvier à mai.

Marivaux, *Le Paysan parvenu*, roman (1734-1735).

Autobiographie imaginaire et inachevée du paysan Jacob qui, de liaisons en mariage, assure sa fortune et devient le protégé d'un grand seigneur. L'œuvre n'a pourtant rien de cynique, tant elle est empreinte de verve et de comique.

Montesquieu, *Considérations sur les causes de la grandeur des Romains et de leur décadence*, essai.

Voltaire, *Lettres philosophiques*, essai.

Fruit de l'exil de leur auteur et de son enthousiasme pour l'Angleterre, ces Lettres Anglaises – ou Philosophiques – jettent les bases du programme des Lumières : rejet de la religion dans la sphère privée ; équilibre des pouvoirs garantissant la liberté ; hymne au progrès et à la raison ; recherche, ici et maintenant, du bonheur. Autant de critiques implicites ou explicites de la société française.

Le libertinage

Parallèlement au libertinage érudit qui se développe principalement sous la forme des progrès du matérialisme et du sensualisme se répand le libertinage de mœurs, encouragé par la libération de celles-ci sous la Régence. Fleurissent alors des romans érotiques (ceux de Nerciat, par exemple) ou scabreux. Le *Sopha* de Crébillon fils (1742) relate les différentes scènes galantes dont un « sopha » (doué de parole) est le témoin. Dans *Les Bijoux indiscrets*, Diderot use d'une technique analogue. Cette célébration du corps et des sens, que l'on retrouve en peinture (tableaux de Fragonard ou de Boucher) revêt également une portée philosophique : l'analyse de la corruption (corrompu et corrupteur) et, en définitive, du mal, social ou moral (*Les Égarements du cœur et de l'esprit* de Crébillon fils, 1730 ; ou *La Paysanne pervertie* de Restif de La Bretonne, 1784). Choderlos de Laclos en déduit et décrit une stratégie de la séduction, tandis que chez Sade la débauche et l'immoralité apparaissent comme un défi à l'ordre et une affirmation de soi : « Voluptueux de tous les âges et de tous les sexes, c'est à vous seuls que j'offre cet ouvrage : nourrissez-vous de ses principes, ils favorisent vos passions, et ces passions dont de froids et plats moralistes vous effraient ne sont que les moyens que la nature emploie pour faire parvenir l'homme aux vues qu'elle a sur lui », écrit-il dans *La Philosophie dans le boudoir* (1795).

Montesquieu (cf. 1721, 1734, 1748)

À propos des *Lettres persanes*

« Quand les Persans iront dans Paris demandant le pourquoi de chaque coutume et de chaque rite, l'important ne sera pas la réponse à ce pourquoi, mais le fait tout simple que l'on puisse demander pourquoi. Et cette simple question dévoile instantanément l'absurdité des croyances et des rites, qui ne subsisteraient que parce qu'on ne s'était jamais avisé d'en demander le pourquoi. Il y a là un : comment peut-on être Français ? qui répond implicitement au : comment peut-on être Persan ? Et voilà qui semblera étrange : l'épreuve des masques est une épreuve de la vérité. Il faut faire entrer des personnages costumés et masqués pour que la vraie nature des hommes se démasque en leur présence » (Jean Starobinski, *Montesquieu*, 1953.).

À propos des *Considérations*

« Les Romains parvinrent à commander tous les peuples, non seulement par l'art de la guerre, mais aussi par leur prudence, leur sagesse, leur constance, leur amour pour

• 1736 : Claude-Prosper de Crébillon (fils) (1707-1777), *Les Égarements du cœur et de l'esprit*, roman.

Fils du dramaturge Prosper Crébillon (1707-1777), embastillé pour sa caricature du cardinal Dubois dans *L'Écumoire* (1734), puis exilé pour offense aux bonnes mœurs dans *Le Sopha* (1740), Crébillon donne avec les « égarements » du jeune Meilcour le roman du libertinage.

• 1737 : Marivaux, *Les Fausses Confidences*, comédie.

Jeune bourgeois ruiné, Dubois s'éprend d'Araminte, une riche veuve, qu'il finit par épouser grâce aux savantes (et inquiétantes) manipulations de son ancien valet Dubois. Lutte de l'amour contre l'amour-propre, ruses du langage et du désir, poids de l'argent : la thématique marivaudienne conserve son trouble et son mystère. Qui sont vraiment les personnages ? Sont-ils sincères, conscients ou non d'être manipulés ?

• 1740-1748 : guerre de Succession d'Autriche.

• 1739 : Louis, duc de Saint-Simon (1675-1755) commence la rédaction de ses *Mémoires* qu'il poursuivra jusqu'en 1749, et dont la première édition (partielle) paraîtra en 1788.

Évocation par un duc et pair de France, convaincu de la décadence du régime, de son monde et de son « ordre », de la fin du règne de Louis XIV (à partir de 1691) et de la Régence. Une vision pessimiste de l'Histoire et une peinture acide de la vie de cour, souvent anecdotique. Mais l'auteur était convaincu que ce sont « souvent les riens apparents qui ont mû les ressorts des événements qui ont eu le plus de suite, et qui en ont enfanté d'autres ».

• 1745 : bataille de Fontenoy.

• 1748 : traité d'Aix-la-Chapelle, mettant fin à guerre de Succession d'Autriche.

• 1748 : Voltaire, *Zadig ou la Destinée*, conte philosophique*.

Histoire orientale dans le goût des *Mille et une nuits*, roman d'apprentissage et récit philosophique, ce conte narre les malheurs multiples du héros éponyme qui s'interroge sur le sens de sa vie. La Providence mène-t-elle le monde ? Peut-être, puisque Zadig finit par devenir roi de Babylone et par épouser la belle Asterté. Mais c'est au bénéfice du doute.

Denis Diderot (1713-1784), *Les Bijoux indiscrets*, roman*.

Grâce à un anneau que lui a donné le génie Cucufa, Mangogul, sultan du Congo, connaît les aventures des femmes de sa cour, en faisant parler leurs « bijoux » : tel est le point de départ de ce long roman volontiers libertin, plein de rebondissements, et qui annonce par ailleurs les idées philosophiques et esthétiques que Diderot développera ultérieurement.

la gloire et pour la Patrie. Lorsque, sous les empereurs, toutes ces vertus s'évanouirent, l'art militaire leur resta, avec lequel, malgré la faiblesse de la tyrannie de leurs princes, ils conservèrent ce qu'ils avaient acquis. Mais lorsque la corruption se mit dans la milice même, ils devinrent la proie de tous les peuples »

Considérations, chap. XVIII.

Sur l'*Esprit des lois*

– la séparation des pouvoirs :

« Il y a dans chaque État trois sortes de pouvoirs : la puissance législative, la puissance exécutrice des choses qui dépendent du droit des gens, et la puissance exécutrice de celles qui dépendent du droit civil. [...] Tout serait perdu si le même homme, ou le même corps des principaux, ou des nobles, ou du peuple, exécutaient ces trois pouvoirs : celui de faire des lois, celui d'exécuter les résolutions publiques, et celui de juger les crimes ou les différends des particuliers » (XI, 6.).

– le « principe des trois gouvernements » :

« Dans les démocraties, [les lois] doivent inspirer l'amour de la patrie et établir l'égalité ; dans les monarchies, favoriser le sentiment de l'honneur ; dans le despotisme, imposer la crainte d'une volonté unique. Mais que le principe d'un gouvernement vienne à se corrompre, l'État se dégrade et dégénère » (VIII, 6.).

Le conte philosophique (cf. 1748, 1752, 1759)

Même s'il en subvertit les données, le conte philosophique s'appuie sur le conte traditionnel, en vogue dès la fin du XVIIe siècle (en 1696 sont parus les *Contes* de Perrault ; l'année suivante ceux de Mme d'Aulnoy ; en 1704, Galland traduit en français les *Mille et une nuits*).

Il lui emprunte, outre sa brièveté, sa trame romanesque, ses péripéties « merveilleuses » (réapparitions ou résurrections quasi miraculeuses ; modes de transport ; rôle du hasard), ses pays mythiques (l'Eldorado), ses héros dotés de qualités sympathiques les hissant au-dessus de l'ordinaire condition, et même sa formule rituelle (« Il y avait ») parallèle à celle de : « Il était une fois... »

Le conte philosophique tel que le pratique et l'invente Voltaire se distingue toutefois nettement du conte traditionnel. La nécessité de plonger le héros dans des situations propres à susciter la réflexion brise la continuité romanesque.

Montesquieu, *De l'esprit des lois*, essai.

Partant de l'idée que toute loi, même contestable ou absurde, a sa raison d'être, l'« ouvrage [qui] a pour objet les lois, les coutumes et les divers usages de tous les peuples de la terre » définit les lois comme « les rapports nécessaires qui dérivent de la nature des choses ». Montesquieu passe en revue les différents types de gouvernement, leur nature, leur principe, et envisage les rapports de la loi et de la liberté. La « théorie des climats » prend en compte autant les facteurs physiques que les éléments politiques, moraux, religieux et économiques. Le principe de la séparation des pouvoirs y est affirmé et théorisé, ainsi que celui du renforcement des pouvoirs intermédiaires.

L'ouvrage connut dès sa publication un immense succès dans toute l'Europe.

• 1749 : Georges Louis Leclerc de Buffon (1707-1788), *Histoire naturelle, générale et particulière* (→ 1789 ; publication posthume du dernier volume).

Mathématicien, chimiste, physicien, botaniste, intendant des jardins du Roi à partir de 1739, Buffon publie les trois premiers tomes de son *Histoire* (qui en compte 36 au total). Il y retrace l'origine du système solaire, la formation de la terre, décrit et classe les minéraux et les espèces du monde vivant. Ouvrage de vulgarisation scientifique autant que philosophique, cette *Histoire* s'inscrit dans l'idéal des Lumières : célébration de la science, du progrès et des bienfaits de la civilisation.

Diderot, *Lettre sur les aveugles à l'usage de ceux qui voient*, essai.

À partir de l'expérience d'aveugles de naissance et de celle des premiers opérés de la cataracte, Diderot développe la théorie sensualiste, selon laquelle les idées, même morales, dépendent du plus ou moins bon fonctionnement de nos sens. Ce matérialisme affiché vaudra à Diderot d'être emprisonné à Vincennes.

Jean-Jacques Rousseau (1712-1778), *Discours sur les sciences et les arts*, essai.

À son concours annuel, l'Académie de Dijon proposait le sujet suivant : « Si le rétablissement des sciences et des arts a contribué à épurer les mœurs ». Selon ses dires, Rousseau, lisant ce sujet, alors qu'il rendait visite à Diderot emprisonné, fut saisi sur la route de Vincennes d'une « illumination ». Écrit d'un trait, son *Discours* soutient que « la civilisation a corrompu les hommes ». Le paradoxe, autant que la sincérité enthousiaste de son auteur, assure à Rousseau son premier succès.

L'invraisemblance de la narration n'a pour but que de multiplier les confrontations du héros à des réalités historiques et sociales très précises (la guerre de Sept ans, l'Inquisition, le tremblement de terre de Lisbonne, les préoccupations scientifiques, les régimes politiques, les rêves et les utopies des Lumières). Si l'incohérence des aventures fait du conte philosophique voltairien un « anti-roman », parodie des romans héroïques et des récits d'aventures, elle rend permanente la confrontation d'une conscience et du monde. Porte-parole des interrogations et de la pensée de Voltaire plus que personnage autonome, le héros cherche au cours d'un apprentissage tumultueux à façonner ou à approfondir sa pensée face aux réalités du monde. Outre qu'elle tourne en dérision le mode narratif traditionnel, l'ironie, constante, devient une arme de combat, un stimulant de l'esprit, en même temps qu'une manière de participer aux souffrances du monde : « Tout en sacrifiant aux procédés traditionnels, Voltaire, et c'est là un de ses secrets, les confisque au profit du philosophe ; c'est ainsi que, subtilement détournée, l'incohérence conventionnelle devient l'absurdité essentielle de la vie, celle du destin qui mène les hommes » (J. Van den Heuvel, *Voltaire dans ses contes*, 1967).

• 1751 : début de la publication de l'*Encyclopédie**, dirigée par Diderot et par d'Alembert (jusqu'en 1758).

• 1752 : Voltaire, *Micromégas. Histoire philosophique.*

Banni de Sirius, Micromégas arrive sur Terre en compagnie du secrétaire de l'Académie de Saturne : une illustration de la relativité universelle.

Le Siècle de Louis XIV, essai historique (primitivement publié à Berlin en 1751).

L'intention de Voltaire est de peindre « non les actions d'un seul homme, mais l'esprit des hommes dans le siècle le plus éclairé qui fût jamais ». Le souci de l'exactitude s'allie au refus du manichéisme et à la volonté de démystification (notamment à propos du passage du Rhin en 1672).

Querelle des Bouffons opposant les partisans de la musique française à ceux de la musique italienne.

• 1755 : tremblement de terre de Lisbonne.

• 1755 : Rousseau, *Discours sur l'origine et les fondements de l'inégalité parmi les hommes*, essai.

De la propriété, corollaire du passage de l'« état de nature » à un état civilisé, comme source de l'inégalité.

• 1756-1763 : guerre de Sept Ans.

• 1756 : Voltaire, *Essai sur les mœurs* ; *Poème sur le désastre de Lisbonne* ; *Poème sur la religion naturelle.*

• 1757 : Diderot, *Le Fils naturel*, « drame bourgeois »*.

Plus que par les malheurs de Dorval, amoureux de Rosalie, fiancée à son ami Clairville, la pièce retient l'attention par la volonté de Diderot de créer un genre nouveau.

• **1758-1770** : ministère Choiseul.

• 1758 : Diderot, *Le Père de famille*, « drame bourgeois » ; *Discours sur la poésie dramatique*, essai. Rousseau, *Lettre à d'Alembert sur les spectacles*, essai.

Dans l'article « Genève » de l'*Encyclopédie*, d'Alembert critiquait vivement l'interdiction des spectacles dans la république calviniste. Rousseau lui répond par une attaque contre le théâtre. C'est la rupture avec les Encyclopédistes.

• 1759 : Voltaire, *Candide ou l'Optimisme*, conte philosophique.

Le roman de formation du jeune Candide que son amour pour Cunégonde jette sur les routes du monde. Disciple ébloui de Pangloss, lui-même représentant de Leibnitz, pour qui « tout est au mieux dans le meilleur des mondes possibles », Candide acquiert progressivement son autonomie intellectuelle : à défaut de vivre bien, vivons le moins mal possible.

L'*Encyclopédie* (1751-1772)

Il s'agit à l'origine de traduire en français la *Cyclopedia* de l'anglais Chambers. Avec d'Alembert, Diderot modifie le projet et conçoit une œuvre plus vaste : un *Dictionnaire universel des sciences, des arts et des métiers*. Au plus fort de sa rédaction, Diderot s'entoure de plus de 250 collaborateurs. Dès la parution du premier volume (1751), les Jésuites du *Journal de Trévoux* se liguent contre l'entreprise qu'ils jugent hérétique. S'engage alors une bataille, dont les épisodes les plus marquants sont les suivants :

- 1752 : arrêt du Conseil du Roi condamnant les deux premiers volumes ;
- 1759 : révocation du privilège de l'*Encyclopédie* ;
- 1764 : à sa grande stupéfaction, Diderot découvre que son éditeur Le Breton censure certains articles ;
- 1766 : publication des dix derniers volumes ;
- 1772 : fin de la parution des planches.

L'hostilité que suscite l'*Encyclopédie* tient moins à son inventaire des connaissances qu'à la manière dont celui-ci est dressé : c'est un acte de foi dans la raison humaine et dans le progrès, dont les techniques apparaissent comme les agents privilégiés ; une confiance dans la liberté de penser et l'affirmation du plaisir de vivre. Les attaques contre la religion, l'incompatibilité de la raison et de la foi, la réforme de la société (qui place la puissance d'un pays dans la croissance de l'économie et de la population) ne pouvaient que rendre les Encyclopédistes suspects aux yeux des autorités religieuses et politiques.

Le drame bourgeois (cf. 1757, 1758, 1765, 1767, 1792)

Malgré le succès des tragédies de Voltaire, les mutations de la société, l'évolution des sensibilités et des mentalités précipitent le déclin du genre tragique et favorisent l'avènement du drame bourgeois. À la tragédie, on reproche sa collusion avec la monarchie, son immoralisme et son caractère désuet et ennuyeux. Un besoin de renouvellement se fait sentir que Diderot, le premier, théorise en appelant de ses vœux un théâtre « qui aurait pour objet nos malheurs domestiques » (*Discours sur la poésie dramatique*). Au caractère se substitue la condition sociale ; à l'impérialisme de la parole, la gestuelle : « Une disposition des personnages sur la scène si naturelle et si vraie que, rendue fidèlement par un peintre elle me plairait sur la toile » (*Entretiens sur le Fils naturel*). L'émotion et la vertu en sont les principaux ressorts.

• 1763 : traité de Paris (la France perd l'Inde et le Canada).

• 1760 : Diderot entreprend la rédaction de son roman *La Religieuse*, d'abord publié en livraisons dans la *Correspondance littéraire* de 1780 à 1782, puis en volume en 1796.

« Une effrayante satire des couvents », selon les mots de Diderot, qui considère leur institution comme contraire à l'Évangile et comme la source de toutes les aliénations.

Rousseau, *La Nouvelle Héloïse*, roman épistolaire.

L'impossible passion du roturier Saint-Preux et de la noble Julie d'Étanges, qui deviendra Mme de Wolmar. Première synthèse de la pensée de Rousseau (sur la société, l'éducation, le bonheur, la religion), le roman connut un vif succès dès sa publication.

• 1762 : Rousseau, *Du contrat social ou Principes de droit politique*, essai.

« Tout homme étant né libre et maître de lui-même, nul ne peut, sous quelque prétexte que ce puisse être, l'assujettir sans son aveu » : la souveraineté ne peut dès lors découler que de la volonté générale. Une des bibles de la pensée révolutionnaire.

Rousseau : *Émile ou De l'éducation*, essai.

Comment éduquer sans dénaturer l'être ? et préparer l'individu à vivre dans une société régie par les principes du *Contrat social* ? Au livre IV figure « La Profession de foi du vicaire savoyard », une apologie de la religion naturelle, qui vaut au livre d'être condamné tant à Paris qu'à Genève.

Diderot entreprend la rédaction du *Neveu de Rameau* (1777 ; éd. posthume : 1805).

Un roman-conversation entre « Moi » (le Philosophe) et « Lui », le neveu du compositeur Rameau. Sous-titrée « satire », l'œuvre est un étourdissant pot-pourri où sont abordés les contradictions de la morale, l'éducation des enfants, les problèmes esthétiques, les rapports de l'argent et de la pensée, la question du génie.

• 1764 : ouverture du Salon de Julie de Lespinasse (1732-1776), fréquenté par la plupart des Encyclopédistes.

Voltaire, *Dictionnaire philosophique portatif*.

La dernière version (1769) parue sous le titre *La Raison par alphabet* comprend 118 articles, souvent à l'allure de pamphlet.

Poursuite du combat voltairien contre l'intolérance et le fanatisme.

• 1765 : Rousseau commence la rédaction des *Confessions* (→ 1770), autobiographie publiée à Genève en 1782 (livres I-IV) et en 1789 (livres VII-XII).

Malgré les succès de Sedaine et de Mercier (*La Brouette du vinaigrier*, 1775), le drame bourgeois reste plus important par ses conceptions que par ses réalisations. L'accent mis sur les conditions sociales conduit à une psychologie souvent sommaire et privilégie la fonction au détriment de l'être. La recherche de l'émotion aboutit à une certaine grandiloquence. Lié à l'*Encyclopédie* et à l'esprit des Lumières, le drame décline avec eux. Mais il serait injuste de nier ses innovations techniques. La primauté accordée au décor et au jeu des acteurs influencera jusqu'au drame moderne.

Diderot et le roman (1748, 1760, 1778)

Refus, parodies et équivoques caractérisent la position de Diderot à l'égard du roman.

Ses refus : critique du romancier omniscient (à de multiples reprises, Diderot dit dans *Jacques le Fataliste* qu'il n'écrit pas un roman) ; rejet de l'intrigue linéaire et causale au profit du décousu et de l'inattendu, à l'image de la vie ; refus de la psychologie, au profit des faits, des détails et des gestes ; « Un mot, un geste m'en ont quelquefois plus appris que le bavardage de toute une ville » ; condamnation du romanesque : « Par un roman, on a entendu jusqu'à ce jour un tissu d'événements chimériques et frivoles » (*Éloge de Richardson*, 1762).

Ces refus reposent sur une maîtrise des techniques romanesques traditionnelles, que Diderot se plaît à parodier, notamment dans *Jacques le Fataliste*, qui est tour à tour parodie du roman sentimental, du roman d'aventures et du roman historique.

La position de Diderot n'en reste pas moins équivoque. Si ses apostrophes au lecteur rompent la convention romanesque, il n'en demeure pas moins un romancier omniscient, qui place son lecteur en position à la fois d'insatisfaction, voire de frustration, et de personnage de roman puisque (comme l'« auteur ») celui-ci est censé appartenir au même univers que Jacques et son maître.

Comment écrire un roman ? Comment lire un roman ? Quelles relations, tacites ou explicites, l'auteur doit-il établir avec son lecteur ? Même s'il convient de faire la part de convention que recèle le « procédé anti-procédé », ce sont autant de questions que soulève Diderot. On comprend dans ces conditions que les partisans de « l'ère du soupçon » aient vu en lui un précurseur.

• 1766 : la Lorraine devient française ; voyage de Bougainville dans les mers du Sud.

Choqué par la condamnation de l'*Émile* et bouleversé par la publication, en 1764, du *Sentiment des citoyens* dans lequel Voltaire révèle que Rousseau a abandonné ses cinq enfants, celui-ci décide de se justifier : « Je veux montrer à mes semblables un homme dans toute la vérité de la nature. » Ce plaidoyer *pro domo* est aussi un acte d'accusation contre la société. À défaut de « tout dire », Rousseau privilégie certains souvenirs. La mémoire devient alors l'élément majeur de la création poétique.

Michel-Jean Sedaine (1719-1797), *Le Philosophe sans le savoir*, drame bourgeois malgré son appellation de « comédie ».

• 1767 : les jésuites sont expulsés de France.

• 1767 : Voltaire, *L'Ingénu*, conte philosophique.

Les aventures cocasses d'un jeune Huron, type même du bon sauvage, débarquant en Basse-Bretagne. Un pamphlet contre les jésuites et une féroce satire sociale.

• 1768 : la Corse devient française.

Beaumarchais (1732-1799), *Essai sur le genre dramatique sérieux*.

• 1772 : Jacques Cazotte (1719-1772), *Le Diable amoureux*, nouvelle fantastique.

Auteur de contes (*La Patte du chat*, 1741 ; *Les Mille et une fadaises*, 1742) et d'un recueil de poèmes (*L'Ollivier*, 1763), Cazotte se fait surtout connaître comme l'un des premiers maîtres du fantastique avec *Le Diable amoureux* : dom Alvare s'éprend de Biondetta, qui avoue être le diable. Rêve ou réalité ?

Diderot rédige le *Supplément au Voyage de Bougainville* (essai), publié en 1796.

Inspiré par le *Voyage autour du monde* du navigateur (1771), Diderot imagine un « dialogue entre A et B sur l'inconvénient d'attacher des idées morales à certaines actions physiques qui n'en comportent pas ». Une mise en cause de la morale chrétienne par le biais de l'utopie tahitienne.

• **1774** : mort de Louis XV, début du règne de Louis XVI (→ 1792) ; Turgot, contrôleur général des finances (→ 1776).

• 1775 : Pierre-Augustin Caron de Beaumarchais (1732-1799), *Le Barbier de Séville*, comédie*.

Opéra-comique à l'origine, puis comédie en cinq actes avant d'être élaguée, la pièce forme le premier volet d'une trilogie avec *Le Mariage de Figaro* et *La Mère coupable* : le mariage du comte Almaviva et de Rosine grâce au talent étourdissant d'un Figaro, valet meneur de jeu et observateur satirique de la société.

Nicolas Edme Rétif de La Bretonne (1734-1806), *Le Paysan perverti ou les Dangers de la ville*, roman.

L'essor de la sensibilité au XVIIIe siècle

L'essor de la sensibilité accompagne l'essor du rationalisme tout au long du siècle, même s'il devient plus vif dans la seconde moitié de celui-ci. C'est la réhabilitation des passions et, souvent, l'avènement du pathétique.

Au théâtre, Nivelle de La Chaussée (1692-1754) triomphe avec ses « comédies larmoyantes (*Le Préjugé à la mode*, 1735 ; *L'École des mères*, 1736 ; *La Gouvernante*, 1747). Le drame bourgeois véhicule une esthétique de l'émotion. La plupart des thèmes que l'on qualifie ordinairement de « romantiques » figurent déjà chez les écrivains du XVIIIe siècle. Poétique des ruines et de la nature, rêverie amoureuse, analyse et peinture de la mélancolie se retrouvent non seulement dans les romans de Marivaux, de Bernardin de Saint-Pierre ou les œuvres de Rousseau et les poèmes de Chénier, mais aussi dans les correspondances (de Mme du Deffand ou de Julie de Lespinasse), dans des essais (comme celui de Mme Roland sur *La Mélancolie*, 1771) ou dans les *Salons* de Diderot :

> « Les idées que les ruines réveillent en moi sont grandes. Tout périt, tout passe. Il n'y a que le monde qui reste. Il n'y a que le temps qui dure. Qu'il est vieux ce monde ! Je marche entre deux éternités »
>
> *Salon de 1767.*

> « Poètes, parlez sans cesse d'éternité, d'infini, d'immensité, du temps, de l'espace, de la divinité, des tombeaux, des mânes, des enfers, d'un ciel obscur, des mers profondes… »
>
> *Salon de 1767.*

L'*Émile* de Rousseau repose sur le primat de la sensibilité :

> « Exister pour nous, c'est sentir ; notre sensibilité est incontestablement antérieure à notre intelligence, et nous avons eu des sentiments avant des idées. Quelle que soit la cause de notre être, elle a pourvu à notre conservation en nous donnant des sentiments convenables à notre nature ; et l'on ne saurait nier qu'au moins ceux-là ne soient innés » (Livre IV).

Rousseau

- Sur les méfaits de la propriété :

> « Le premier qui, ayant enclos un terrain, s'avisa de dire : Ceci est à moi, et trouva des gens assez simples pour le croire, fut le vrai fondateur de la société civile. Que de crimes, de guerres, de meurtres, que de misères et d'horreurs n'eût point épargnés au genre humain celui qui, arrachant les pieux ou comblant le fossé, eût crié à ses semblables ; « Gardez-vous d'écouter cet imposteur… »
>
> *Discours sur l'origine de l'inégalité.*

La plongée d'Edmond, venu chercher fortune à Paris, dans la corruption et le crime, avec en contrepoint l'évocation d'une harmonieuse vie communautaire paysanne, fondée sur le travail et l'égalité.

Autres œuvres : *La Vie de mon père* (1779), autobiographie romancée ; *Les Nuits de Paris* (1794-1797) sur la Révolution ; *Monsieur Nicolas* (1798), essai.

• 1776 : Necker ministre ; déclaration d'indépendance américaine.

• 1776 : Rousseau rédige les *Rêveries du promeneur solitaire*, autobiographie, publiée en 1782.

« Appendice des *Confessions* », ces dix « promenades » (la dernière étant inachevée) sont autant de méditations sur le bonheur, le mensonge, la foi, la connaissance de soi. La rêverie devient un abandon de soi, où l'être se saisit dans sa plénitude existentielle. Un des premiers exemples de « poème en prose ».

• 1777 : Beaumarchais fonde la Société des auteurs dramatiques.

• 1778 : alliance franco-américaine.

• 1778 : Diderot écrit *Jacques le Fataliste et son maître*, d'abord diffusé dans la *Correspondance littéraire*, puis publié en volume en 1796.

D'incidents de voyage en interruptions de l'auteur et en histoires insérées dans le récit, l'histoire des amours de Jacques (et de son maître). Diderot brise toutes les conventions romanesques. Un roman tout à la fois satire sociale, réflexion philosophique, et conte érotique.

• 1783 : traité de Versailles ; indépendance des États-Unis.

• 1787 : constitution des États-Unis d'Amérique ; édit de tolérance envers les protestants.

• **1789** : réunion des états généraux ; prise de la Bastille ; assemblée constituante

• 1782 : Pierre Ambroise Choderlos de Laclos (1741-1803), *Les Liaisons dangereuses*, roman épistolaire.

Deux anciens amants, le vicomte de Valmont et la marquise de Merteuil, s'entendent pour corrompre la jeune Cécile Volanges. Par là, Mme de Merteuil souhaite se venger du comte de Gercourt, l'un de ses anciens amants, qui doit épouser Cécile. De son côté, Valmont se jette le défi de séduire la vertueuse Présidente de Tourvel. Valmont finira tué en duel ; la marquise ruinée, défigurée par la petite vérole, s'enfuira en Hollande. Le chef-d'œuvre du roman libertin et du roman épistolaire.

• 1784 : Beaumarchais, *Le Mariage de Figaro*, comédie.

Concierge du château de son maître, Figaro s'apprête à épouser Suzanne que le comte Almaviva, devenu volage, veut séduire. C'est le début d'une « folle journée ». Malgré son rythme et ses épisodes comiques, la pièce se fait plus amère. Rosine récupère son mari, mais à quel prix ? Figaro devient un philosophe désa-

- Sur les méfaits du théâtre :

« Qui peut disconvenir aussi que le théâtre de ce même Molière, des talents duquel je suis plus l'admirateur que personne, ne soit une école vices et de mauvaises mœurs, plus dangereuse que les livres même où l'on fait profession de les enseigner ? Son plus grand soin est de tourner la bonté et la simplicité en ridicule, et de mettre la ruse et le mensonge du parti pour lequel on prend intérêt. »

Lettre à d'Alembert.

- Sur le « contrat social » :

« Trouver une forme d'association qui défende et protège de toute la force commune la personne et les biens de chaque associé, et par laquelle chacun, s'unissant à tous, n'obéisse pourtant qu'à lui-même, et reste aussi libre qu'auparavant ». Tel est le problème fondamental... »

Du contrat social, I, 6.

- Vers le poème en prose :

« Là le bruit des vagues et l'agitation de l'eau, fixant mes sens et chassant de mon âme toute autre agitation la plongeaient dans une rêverie délicieuse où la nuit me surprenait souvent sans que je m'en fusse aperçu. Le flux et le reflux de cette eau, son bruit continu mais renflé par intervalles frappant sans relâche mon oreille et mes yeux suppléaient aux mouvements internes que la rêverie éteignait en moi et suffisaient pour me faire sentir avec plaisir mon existence, sans prendre la peine de penser. De temps à autre naissait quelque faible et courte réflexion sur l'instabilité des choses de ce monde dont la surface des eaux m'offrait l'image. »

Rêveries du promeneur solitaire, « cinquième promenade ».

(→ 1791) ; abolition des privilèges (4 août) ; Déclaration des droits de l'homme.

• 1790 : constitution civile du clergé ; fête de la fédération ; drapeau tricolore.

• 1791 : assemblée législative (→ 1792) ; fuite du roi à Varennes (20-21 juin).

• **1792** : arrestation du roi ; victoire de Valmy (20 sept.) ; Convention (→ 1795).
• 1793 : exécution de Louis XVI (21 janvier) ; Comité de salut public.
• 1794 : victoire de Fleuras ; Chute de Robespierre.

• **1795-1799** : Directoire.
• 1798 : campagne de Bonaparte en Égypte.

• **1799** : coup d'État du 18 Brumaire (9 nov.) ; Consulat (→ 1804).

busé : « Forcé de parcourir la route où je suis entré sans le savoir comme j'en sortirai sans le vouloir… »

• 1788 : Jacques-Henri Bernardin de Saint-Pierre (1737-1814), *Paul et Virginie*, roman.

Ingénieur, voyageur et ami de Rousseau, auteur du *Voyage à l'Isle de France* (1773) et d'*Études de la Nature* (1784), Bernardin est surtout connu pour cette « espèce de pastorale » : l'enfance heureuse de deux héros dans l'île Maurice, le départ forcé de Virginie pour la France, le retour et le naufrage du Saint-Géran près de l'île, la mort de Virginie, puis celle, par désespoir, de Paul. Un roman de la nature tropicale, opposant les vertus champêtres à la corruption sociale et véhiculant une philosophie pessimiste de l'existence.

• 1791 : Donatien Alphonse François, marquis de Sade (1740-1814), *Justine ou les malheurs de la vertu*, roman.

Par un aristocrate débauché, emprisonné à plusieurs reprises, condamné à mort par contumace, l'illustration de ce qui deviendra le sadisme : tandis que sa sœur Juliette se prostitue, la vertueuse Justine sombre dans une succession de malheurs (viols, sévices sexuels).

Autres œuvres : *La Philosophie dans le Boudoir* (1795) ; *La Nouvelle Justine* (1795) ; *Histoire de Juliette* (1797) ; *Les Cent vingt journées de Sodome* (publiées en 1904).

• 1792 : Beaumarchais, *La Mère coupable*, drame.

Dernier et amer volet de la trilogie commencé avec *Le Barbier de Séville*.

Claude Rouget de Lisle (1760-1836) compose *La Marseillaise.*

• 1794 : André Chénier (1762-1794) compose *Odes et ïambes* dans la prison de Saint-Lazare (éd. 1819). Après les *Bucoliques* (1785), le renouveau de la poésie lyrique.

• 1795 : Nicolas de Chamfort (1740-1794), *Maximes, pensées, caractères et anecdotes.*

Les « fragments » d'un moraliste dénonçant l'ancien régime et défendant les « temps nouveaux ».

Marie-Jean de Caritat, marquis de Condorcet (1743-1794), *Esquisse d'un tableau historique des progrès de l'esprit humain*, essai.

Manifeste des acquis et des idéaux des Lumières.

Beaumarchais et la comédie (cf. 1775, 1784, 1792)

La comédie connaît une nouvelle vigueur dans la seconde moitié du siècle. Avec le théâtre de la Foire et des Boulevards qui ridiculisent la tragédie, l'opéra et la « comédie larmoyante », ainsi qu'avec les « parades », la fantaisie, souvent immorale, est à la mode. Par ailleurs, l'opéra-comique s'impose comme un genre à part entière. La comédie, par ses satires, devient parallèlement une arme de combat idéologique, où s'affrontent partisans et adversaires des Lumières (*Les Philosophes*, de Palissot, 1760).

Beaumarchais renoue, quant à lui, avec la comédie d'intrigue, où le valet meneur de jeu éclipse la personnalité du maître. Il réclame le droit pour la comédie de dénoncer les abus de son temps :

> « Les vices, les abus, voilà ce qui ne change point, mais se déguise en mille formes sous le masque des mœurs dominantes : leur arracher ce masque et les montrer à découvert, telle est la noble tâche de l'homme qui se voue au Théâtre. Soit qu'il moralise en riant, soit qu'il pleure en moralisant (...). On ne peut corriger les hommes qu'en les faisant voir tels qu'ils sont. »
>
> Préface du *Mariage de Figaro*.

Ce droit de censurer les mœurs s'exprime dans sa satire politique et sociale. Beaumarchais ridiculise allègrement la justice, la censure, les privilèges de toutes sortes. Pour autant ses comédies ne se réduisent pas à des réquisitoires. Un nouveau comique les imprègne : « Me livrant à mon gai caractère, j'ai tenté [...] de ramener au théâtre l'ancienne et franche gaieté, en l'alliant avec le ton léger de notre plaisanterie actuelle » (*ibid.*). La rapidité du rythme, l'accumulation des péripéties et des coups de théâtre, la virtuosité verbale, des dialogues émaillés de trouvailles et toujours alertes, font de ses pièces des œuvres profondément gaies.

5

Le XIXe siècle

- 1800 : victoire de Marengo.
- 1801 : signature du Concordat.

• 1801 : François-René de Chateaubriand (1768-1848), *Atala ou les Deux Sauvages dans le désert*, récit en prose (réédité en 1802 dans *Génie du christianisme* ; éd. déf. 1805).

Le vieil Indien Chactas raconte sa vie au jeune Français René. Élevé par l'Espagnol Lopez, il fut délivré de ses ennemis par Atala, une Indienne, fille en réalité de Lopez et convertie au christianisme. Ayant fait vœu de chasteté, Atala s'empoisonne pour ne pas épouser Calchas. Récit exotique et en partie autobiographique – l'auteur puisait dans les souvenirs de son séjour en Amérique –, *Atala* est aussi une apologie du christianisme.

- **1802** : Bonaparte devient consul à vie (2 août).

• 1802 : Chateaubriand, *Génie du christianisme*, essai.

Une « défense et illustration » du christianisme, dont la deuxième partie (« Poétique du christianisme ») analyse les effets de la religion chrétienne sur la littérature. Une contestation des « Lumières » ; et une (première) réponse au « mal du siècle ».

- 1803 : restitution par la France de la Louisiane aux États-Unis.

Chateaubriand, *René* (éd. déf. et séparée 1805).

Une illustration du « vague des passions » (« Levez-vous vite, orages désirés ») dans lesquels se reconnaîtront les différentes générations romantiques.

- **1804** : Napoléon Ier, empereur (→ 1814 ; puis lors des « Cent Jours », 1815).
- 1805 : désastre de Trafalgar (21 oct.) et victoire d'Austerlitz (2 déc.).
- 1807 : exil de Chateaubriand.
- 1810 : promulgation du Code pénal.

• 1804 : Étienne de Senancour (1770-1846), *Oberman*, roman épistolaire (éd. déf. 1840).

Une autobiographie romancée illustrant le mal de vivre (exaltation de la rêverie, de la solitude, de l'écriture face au désenchantement du réel).

• 1809 : Chateaubriand, *Les Martyrs*, épopée chrétienne en prose.

• 1810 : Mme de Staël (1766-1817), *De l'Allemagne* (éd. déf. 1814), essai.

Fille de Necker, disciple des « philosophes », exilée par l'Empereur pour son indépendance d'esprit, Mme de Staël a publié deux essais : *De l'influence des passions sur le bonheur des individus* (1796) et *De la littérature considérée dans ses rapports avec les institutions sociales* (1800), ainsi que deux romans (*Delphine*, 1802 ; *Corinne*, 1807), avant de publier son plus célèbre essai – analyse et éloge de la pensée, des mœurs, et de la littérature « romantique » allemande.

Le « moi » romantique

L'âge romantique « est le temps de la première personne » (Georges Gusdorf), d'un « moi » inquiet, en proie au « mal du siècle » (dont les premiers symptômes apparaissent au siècle précédent). Avec la disparition de la stabilité et de l'ordre « classiques », le « moi » divorce du monde. S'ensuit une angoisse existentielle : dégoût de la vie, mélancolie, désordre des désirs, quête jamais satisfaite d'infini, conscience aiguë de la fuite du temps. C'est le « vague des passions » dont Chateaubriand se fait l'analyste dans *Génie du christianisme* et dans *René* ; ou le « spleen » que Vigny évoque (dans *Stello*) avant Baudelaire. La dimension historique n'en est pas absente : « Toute la maladie du siècle présent vient de deux causes : le peuple, qui a passé par 1793 et 1814, porte au cœur deux blessures. Tout ce qui était n'est plus ; tout ce qui sera n'est pas encore », écrit Musset (*La Confession d'un enfant du siècle*). Comment s'inscrire dans cette béance de l'Histoire ? La révolution de 1830 ne comble pas les espérances qu'elle a soulevées. La monarchie de Juillet est vite jugée trop fade, trop préoccupée d'argent. Vient le temps du « désenchantement » (dont *Le Rouge et le Noir* se fait par exemple l'écho).

Dès lors le « moi », déçu par l'existence et la société, se cherche des points d'ancrage :

– *dans la valorisation du sentiment* qui, par-delà (ou en deçà de) l'entendement, permet de mieux communier avec les autres et le monde, et qui devient l'aune de la vertu et de la morale ; qui procure l'intensité consolatrice – même si la souffrance en est la contrepartie et si les risques d'une « chute de tension » sont forts ;
– *dans le rapport à la nature*, dont le moindre paysage devient « un état de l'âme » (Amiel) ; qui s'affirme comme un refuge contre la ville, voire contre la civilisation (chez Vigny notamment) ; qui invite à la méditation philosophique ou religieuse ;
– *dans la rêverie et le rêve* : avant qu'il ne devienne une « seconde vie » chez Nerval, le rêve, s'il est évasion, est aussi plénitude, recherche de soi, effacement des barrières entre la conscience et le monde, exploration de l'intériorité et, déjà, de l'inconscient ;
– *dans l'idéalisation de l'amour*, générateur et salvateur, donnant naissance à un véritable mysticisme. Calquée sur le schéma chrétien, l'image de la femme oscille entre Ève et Marie.

- 1812 : campagne de Russie.
- **1814** : abdication de Napoléon ; Première Restauration ; Louis XVIII, roi de France.
- **1815** : les « Cent Jours » (20 mars-18 juin) ; bataille de Waterloo ; deuxième abdication de Napoléon ; retour de Louis XVIII.
- 1821 : mort de Napoléon (5 mai) ; fondation de l'école des Chartes.
- 1822 : Champollion déchiffre les hiéroglyphes égyptiens.
- **1824** : mort de Louis XVIII ; Charles X, roi de France (→ 1830) ; fondation du journal *Le Globe*.

- 1811 : Chateaubriand, *Itinéraire de Paris à Jérusalem*.

Récit du voyage que l'auteur fit en Orient en 1806-1807.

- 1816 : Benjamin Constant (1767-1830), *Adolphe*.

Récit (en partie autobiographique) de la passion d'Adolphe pour Ellénore, de dix ans son aînée, et de l'incapacité de celui-ci à se détacher d'elle. Roman de la souffrance, de la solitude, romantique par ses thèmes, « classique » dans la sobriété de son style.

- 1820 : Alphonse de Lamartine (1790-1869), *Méditations poétiques* (complétées en 1823 par les *Nouvelles méditations*).

L'acte de naissance du romantisme français : mélancolie, désenchantement, aspirations mystiques en des mélodies pures et élégiaques.

- 1822 : Stendhal (Henri Beyle, 1783-1842), *De l'amour*, essai.

« Une description détaillée et minutieuse de tous les sentiments qui composent la passion amour » : amour-passion, amour-goût, amour physique, amour de vanité. L'analyse de la cristallisation en constitue les pages les plus célèbres : « Par le mécanisme de la branche d'arbre garnie de diamants dans la mine de Salzbourg, tout ce qui est beau et sublime au monde fait partie de la beauté de ce qu'on aime ».

- 1823 : Emmanuel de Las Cases (1766-1824), *Mémorial de Sainte-Hélène ou Journal où se trouve consigné jour par jour ce qu'a dit et fait Napoléon*.

Par le chambellan (jusqu'en 1816) de l'Empereur. L'origine de la légende napoléonienne, et le livre préféré de Julien Sorel.

Stendhal, *Racine et Shakespeare* (1re éd. ; remaniée et complétée en 1825), pamphlet et essai.

L'accueil houleux qu'en 1822 reçoit une troupe anglaise venue jouer Shakespeare à Paris incite Stendhal à prendre la défense (sous la forme d'un échange entre un académicien « classique » et un « romantique ») du dramaturge anglais dont le théâtre lui semble plus « moderne » que celui de Racine. Appelant de ses vœux un théâtre nouveau, plus en phase avec la société, Stendhal donne une première définition du « romanticisme » : « L'art de présenter aux peuples les œuvres littéraires qui, dans l'état actuel de leurs habitudes et de leurs croyances, sont susceptibles de leur donner le plus de plaisir possible. »

À cette intériorisation qui, selon les auteurs, conduit à des degrés divers au repli, voire à l'effacement de soi, correspond en même temps une vaste extériorisation. Le romantisme est inséparable du désir de transformer la société. Le progrès s'y apparente souvent à une religion autour des saint-simoniens, des fouriéristes ou de Lamennais et de son catholicisme social : il s'agit de construire une cité fondée sur la raison, la justice et la liberté. Outre l'engagement politique personnel des grandes figures du romantisme (Lamartine, Hugo), les préoccupations sociales envahissent le domaine romanesque (chez Hugo, mais aussi chez George Sand). Avant de l'instaurer « mage » (à partir des *Rayons et les Ombres)* Hugo assigne au poète une mission « civilisatrice » (préface des *Voix intérieures*). De son côté Lamartine subordonne de plus en plus la poésie à sa mission : elle « sera de la raison chantée, voilà sa destinée pour longtemps ; elle sera philosophique, religieuse, politique, sociale, comme les époques que le genre humain va accomplir » (*Des destinées de la poésie*, 1834). Le lyrisme, pure expansion de l'âme, se double d'un appel enthousiaste à la transformation du monde (accompagnant d'ailleurs l'évolution libérale et républicaine du romantisme).

C'est que le romantisme se veut énergie – emblématiquement représentée par la légende dorée de Napoléon Ier, par les grands maudits et révoltés (Don Juan, Faust, Satan), par le héros romantique lui-même (« Je suis une force qui va »). Cette énergie est mise au service de l'Histoire, dont le romantisme se plaît à ressusciter le passé pour mieux prophétiser l'avenir et le prendre en charge. Or, dans ce flux historique et vital, il n'y a pas d'autre possibilité que de se fier au « moi » qui aspire à se distinguer. Par-delà ses dérives sentimentalistes, le culte du « moi » est une tentative par la conscience de reconquérir ou de recréer le monde :

> « Dans le *moi* proprement romantique, la personne fait autre chose que son portrait ; elle ne se donne pas pour une nature, pour une chose observable, un contenu à explorer ; elle est intention, souci, aspiration ou rejet ; position à travers ce qu'elle admire ou réprouve, de valeurs virtuelles qu'elle aspire à accréditer ; un moi religieux en somme, laïcisé et émancipé. Vu sous cet angle, le pouvoir spirituel du poète cesse d'être une chimère ; c'est l'aspect, propre à la poésie et suréminent en elle d'un fait […] : l'accès de la littérature à un statut spirituel sans précédent. »
>
> Paul Bénichou, *Les Mages romantiques*, 1983.

• 1825 : sacre de Charles X à Reims.

• 1825 : Prosper Mérimée (1803-1870), *Théâtre de Clara Gazul* (nouv. éd. augmentée en 1803 ; éd. déf. 1842).

Huit puis dix comédies fictivement attribuées à une « comédienne espagnole ». Un pastiche et une des premières mises à distance de la passion romantique.

• 1826 : Alfred de Vigny (1797-1863), *Poèmes antiques et modernes*, éd. augmentée des *Poèmes* parus en 1822 (éd. déf. 1837).

Poésies à sujets biblique (« Moïse », « Le Déluge »), grec et moderne (les guerres de Religion, le règne de Louis XIV, les débuts du XIXe siècle).

Alfred de Vigny, *Cinq-Mars*, roman historique.

La conspiration du jeune marquis de Cinq-Mars contre Richelieu en 1639, puis son exécution. Une des premières illustrations du drame romantique.

Chateaubriand, *Les Natchez*, récit en prose, tenant à la fois de l'épopée, du roman exotique et d'aventures. Victor Hugo (1802-1885), *Odes et Ballades*, poésies (une première édition ayant paru en 1822 sous le titre d'*Odes et poésies diverses* ; éd. déf. 1828).

L'exaltation de la gloire impériale ; et des « ballades » dans la ligne du genre troubadour alors à la mode.

• 1827 : Hugo, *Cromwell*, drame, avec sa *Préface**.

Le manifeste du drame romantique, dont le retentissement impose Hugo comme le chef de file de la nouvelle école.

Stendhal, *Armance*, roman.

L'effroi d'Octave de Malivert à l'idée d'épouser la « délicate » Armance de Zohiloff, puis sons suicide. Une étude quasi clinique de l'impuissance.

• 1829 : Honoré de Balzac (1799-1850), *Les Chouans*, roman historique.

• **1830** : révolution de Juillet (les « Trois Glorieuses », 27-29 juillet) ; abdication de Charles X ; monarchie de Juillet : Louis-Philippe, roi de France (→ 1848) ; fondation du journal *Le National*.

• 1830 : Auguste Comte (1798-1857), *Cours de philosophie positive* (1830-1842).

L'acte de naissance du positivisme, substituant la science à la religion, et dont l'influence se révélera considérable tant sur les scientifiques (Claude Bernard) que sur les écrivains (Émile Zola).

Alfred de Musset (1810-1857), *Contes d'Espagne et d'Italie*, poésie.

Les débats poétiques de Musset : âpres passions, plaisirs vénitiens, « couleur locale » de fantaisie ; et une grande virtuosité technique.

Le drame romantique (cf. 1827-1843)

Dans l'histoire littéraire et les annales de la Comédie Française, le 25 février 1830 reste une date mémorable : ce jour-là eut lieu la « bataille » d'*Hernani* qui, préparée avec ardeur dans le « Cénacle » de V. Hugo, vit le triomphe de l'école « moderne » sur l'école « classique ».

Déjà, dans ses deux *Racine et Shakespeare* (1823-1825), Stendhal conteste l'esthétique classique au nom de deux concepts clés : la liberté et la modernité. La retentissante « Préface » de *Cromwell* développe une théorie qui est autant romantique qu'hugolienne, reposant sur une vision de l'histoire. Aux trois âges du monde correspondent trois moments de la « poésie » : « L'ode, l'épopée, le drame. Les temps primitifs sont lyriques, les temps antiques sont épiques, les temps modernes sont dramatiques. » Le drame devient ainsi un point d'aboutissement, accueillant la totalité du réel : « Le théâtre est un point d'optique. Tout ce qui existe dans le monde, dans l'histoire, dans la vie, dans l'homme, tout doit et peut s'y réfléchir. » À esthétique nouvelle, dramaturgie nouvelle :

- *la liberté de l'art* qui ne connaît « d'autres règles que les lois de la nature », impliquant la remise en cause des « règles » classiques (à l'exception, du moins chez Hugo, de l'unité d'action) ;
- *une revendication de totalité*. Si l'histoire fournit la plupart des sujets, c'est qu'elle possède une valeur d'universalité : par la « couleur locale » (ancrage de crédibilité) ; par ses liens entre le passé et le présent (intérêt dramatique) ; par son aptitude à représenter le devenir humain ;
- *le mélange des genres et des tons*, image même de la complexité et des contradictions de l'être humain. C'est la théorie hugolienne du sublime et du grotesque, rendant compte de la double dimension, spirituelle et charnelle, de l'homme.

Pour les romantiques, enfin, la grandeur du drame est inséparable de sa mission « nationale, sociale, humaine » (« préface » de *Lucrèce Borgia*, 1833). La portée morale n'est jamais absente.

Ce sera la faiblesse du genre. Outre les difficultés matérielles qu'il rencontre (salles, conflits avec les directeurs de théâtre), le drame romantique sera surtout victime de son ambition : une exubérance difficilement compatible avec les contraintes techniques ; et des réalisations qui peuvent non moins difficilement se montrer à la hauteur d'aussi grandioses théories. Le public finit par se lasser d'une « couleur locale » qui sert moins la vérité que le pittoresque, du mélange des tons et d'une accumulation d'événements heurtant la vraisemblance.

Hugo, *Hernani*, drame.

La « première » (25 février 1830) au Théâtre Français donne lieu à une « bataille » entre la vieille garde classique et les partisans de la jeune école. Le triomphe du drame romantique.

Stendhal, *Le Rouge et le Noir*, roman*.

Fils d'un scieur de bois, Julien Sorel, grand admirateur de Napoléon, rêve de réussir dans la carrière ecclésiastique (le noir) puisque celle des armes (le rouge) est fermée. Le roman d'une ascension sociale brisée ; une satire des mœurs de la Restauration.

• 1831 : révolte des canuts lyonnais.

• 1832 : indépendance de la Grèce.

• 1831 : Balzac, *La Peau de chagrin*, roman*.

Premier succès de Balzac, le roman « relie les Études de mœurs aux Études philosophiques » : pour l'empêcher de se suicider, un antiquaire donne à Raphaël de Valentin un talisman (la « peau de chagrin ») qui a le pouvoir de satisfaire les volontés et les désirs de son propriétaire, mais aux dépens de sa vie. La mort du héros n'en est donc que retardée, car si « vouloir nous brûle, pouvoir nous détruit ».

Hugo, *Notre-Dame de Paris*, roman historique.

Sous-titrée « 1482 », l'œuvre est aussi symbolique : autour de la bohémienne Esméralda, condamnée pour meurtre et magie, l'archidiacre Frollo symbolise les pouvoirs de l'Église, le capitaine Phœbus, le nouvel ordre politique que bâtit Louis XI ; et le difforme Quasimodo, le peuple. Une application dans le domaine romanesque des théories formulées dans la « préface » de *Cromwell.*

Hugo, *Les Feuilles d'automne*, poésie.

Quarante poèmes consacrés aux souffrances de la vie privée et aux déceptions de la vie politique. À trente ans, Hugo dit adieu à sa jeunesse dans un vaste déploiement lyrique.

Vigny, *Stello ou les Diables bleus*, roman (éd. déf. 1832).

Jeune poète, Stello souhaite se vouer à la politique pour échapper au spleen qui l'étreint. Le docteur Noir l'en dissuade en lui racontant trois histoires où les vanités et les intérêts particuliers le disputent au crime. Stello choisit de se consacrer à l'art.

George Sand (1804-1876), *Indiana*, roman sentimental et psychologique, premier succès et première œuvre d'Aurore Dudevant, qui vient de se séparer de son mari Jules Sandeau. Suivront les romans champêtres de *La Mare au Diable* (1846), *La Petite Fadette* (1849) et *François le Champi* (1850).

L'explosion romanesque

La diffusion des œuvres en feuilletons (cas des romans d'Alexandre Dumas, d'Eugène Sue ou de Paul Féval) dans une presse en plein essor, les progrès de l'instruction accroissant le lectorat et le caractère polymorphe du genre, sont à l'origine du second « âge d'or » du roman. Au début du siècle, triomphent :

– *le roman noir*, émule du roman gothique anglais, terrifiant et sanglant ;
– *le roman d'analyse* dans la lignée de *René* et d'*Oberman*, qui ouvre la voie au roman d'introspection durant tout le siècle avec, par exemple, *Volupté* de Sainte-Beuve (1834), *La Confession d'un enfant du siècle* de Musset (1836), *Dominique* de Fromentin (1862) et même *À Rebours* d'Huysmans (1884) ;
– *le roman féminin* décrivant la place de la femme dans la société, initié par les œuvres de Mme de Staël, par Mme de Genlis (*Alphonsine*, 1806), poursuivi par G. Sand (*Indiana*, 1832) ou Marie d'Agoult.

C'est toutefois le roman historique qui, sous l'influence de Walter Scott (*Ivanhoé*, 1819), provoque un premier renouvellement du genre. Vigny s'y essaie avec *Cinq-Mars* (1826) ; Mérimée, avec la *Chronique du règne de Louis XI* (1829) ; Balzac, avec *Les Chouans* ; Hugo, avec *Notre-Dame de Paris* (1831).

Balzac et la « Comédie humaine » (1831-1850)

Après avoir voulu être l'historien du passé, Balzac devient l'historien du présent. S'appuyant sur les travaux de Buffon et de Geoffroy Saint-Hilaire (1772-1844) qui, tous deux, défendent la loi d'unité de composition organique des animaux, d'une espèce primitive unique modifiée ensuite par l'environnement, Balzac conçoit l'existence d'« espèces sociales », à l'instar des animaux : « La Société ne fait-elle pas de l'homme, suivant les milieux où son action se déploie, autant d'hommes différents qu'il y a de variétés en zoologie ? » (*Avant-Propos*, 1842). D'où l'ambition quasi prométhéenne de dénombrer ces « espèces » et de dégager les lois qui régissent l'ensemble social.

> « Les "Études de mœurs" représenteront tous les effets sociaux [...]. La seconde assise est les "Études philosophiques", car après les effets viendront les causes. Puis après les effets et les causes viendront les "Études analytiques", car après les effets et les causes doivent se rechercher les principes. »
>
> *Correspondance*, lettre du 26 octobre 1834 à Mme Hanska.

Les « Études analytiques » comportent essentiellement *La Physiologie du mariage* (1829) ; les « Études philosophiques » : *La Peau de chagrin* (1831), *Le Chef-d'Œuvre inconnu* (1831), *Louis Lambert* (1832), *La Recherche de l'absolu* (1834)...

• 1833 : loi Guizot sur l'enseignement primaire.

• 1833 : Balzac, *Eugénie Grandet*, roman.

Premier volume des « Scènes de la vie de province », l'œuvre campe avec le père Grandet la version romanesque et balzacienne d'Harpagon, dont l'avarice, puissance vitale chez lui, détruit son entourage.

• 1834 : Musset, *On ne badine pas avec l'amour*, « comédie proverbe » en trois actes et en prose.

Dans un univers de fantoches, le désespoir et la mort de la jeune et fraîche Rosette, victime de l'amour orgueilleux de Camille et de Perdican.

Musset, *Lorenzaccio*, drame.

L'assassinat, à Florence, du duc Alexandre de Médicis par Lorenzo (surnommé par dérision Lorenzaccio) pour libérer la cité de la tyrannie. Geste fou autant qu'inutile : un nouveau Médicis accède au pouvoir et Lorenzo se laissera assassiner. Héros romantique voulant marquer l'Histoire de son empreinte autant qu'anti-héros, Lorenzo meurt de ne pouvoir atteindre la pureté absolue.

Stendhal entreprend la rédaction de *Lucien Leuwen*, roman inachevé, en grande partie autobiographique (éd. 1926).

• 1835 Balzac, *Le Père Goriot*, roman.

Le « roman de la paternité », dans lequel Balzac applique pour la première fois la technique du « retour des personnages ».

Alexis de Tocqueville (1805-1859), *De la démocratie en Amérique*, essai historique et politique.

De retour d'un séjour aux États-Unis (1831-1832), Tocqueville analyse le fonctionnement et l'avenir de la démocratie américaine.

Hugo, *Les Chants du crépuscule*, poésie.

Trente-neuf poèmes dominés par le doute religieux, les bouleversements politiques, la célébration de l'amour et la compassion humanitaire.

Vigny, *Chatterton*, drame.

Le suicide du poète Chatterton, victime du spéculateur Bell, de l'indifférent Lord-maire et de son amour secret et impossible pour Kitty Bell, éprise comme lui d'idéal. Après le succès très relatif de *La Maréchale d'Ancre* (1831) et de *Quitte pour la peur* (1833), le plus grand triomphe de Vigny.

Musset, *Nuit de mai* (1835-1837), poésie.

Ouvrant le cycle des *Nuits*, ce poème est suivi de la *Nuit de décembre* (1835), de la *Nuit d'août* (1836) et de la *Nuit d'octobre*

Les « Études de mœurs », les plus développées, se subdivisent en six sections :

– les « scènes de la vie privée » avec notamment *Gobseck* (1830), *La Femme de Trente ans* (1831-1833), *Le Père Goriot* (1834-1835) ;
– les « scènes de la vie de province » : *Le Curé de Tours* (1832) ; *Eugénie Grandet* (1833) ; *Le Lys dans la vallée* (1835) ; *Illusions perdues* (1837-1843) ;
– les « scènes de la vie parisienne » : *César Birotteau* (1837) ; *La Maison Nuncingen* (1838) ; *La Cousine Bette* (1846) ; *Le Cousin Pons* (1847) ;
– les « scènes de la vie politique » : *Une Ténébreuse Affaire* (1841) ;
– les « scènes de la vie militaire » : *Les Chouans* (1829) ;
– les « scènes de la vie de campagne » : *Le Médecin de campagne* (1833) ; *Le Curé de village* (1839).

Au total plus d'une cinquantaine de romans (sans compter les ébauches) et plus de 2 000 personnages.

Le retour des personnages assure l'unité de cette vaste fresque. Si cet « inventaire » de la société française de la première moitié du siècle s'appuie sur une observation précise du réel, il n'en est pas pour autant la simple reproduction. La constitution de « types », la fusion du réel dans une fiction souvent visionnaire font du réalisme balzacien une « mythologie réaliste » (P. Barbéris).

Stendhal (1830, 1839)

Le « réalisme » de Stendhal est d'une autre nature. « Être vrai, simplement vrai, il n'y a que cela qui tienne » : aussi bien *Le Rouge et le Noir* que *La Chartreuse de Parme* reposent sur des ancrages historiques et sociologiques très précis. Mais c'est surtout le choix du « petit fait vrai » qui, parce qu'il est souvent sans nécessité pour le récit, engendre l'« illusion du vrai ». Le recours à un style sec, qui n'exclut pas l'ironie, la renforce. Si, à bien des égards, l'idéal des personnages se révèle romantique (quête du bonheur poussant à transgresser les interdits, appartenance à une élite du cœur), l'écrivain se refuse à l'emphase et aux épanchements. Influencé par le sensualisme d'un Condillac, Stendhal pratique un « réalisme subjectif » : « Qu'y a-t-il de réel pour chaque être, si ce n'est sa propre existence ? » L'expérience n'est dès lors retranscrite qu'à travers le regard et la conscience du personnage.

La « bataille réaliste » (1850-1864)

La « bataille réaliste » sévit d'abord en peinture quand, rejetant à la fois l'idéalisme et l'académisme, Gustave Courbet (1819-1877) emprunte ses sujets à la réalité la plus humble sans souci de l'embellir (cf. *L'Après-dînée à Ornans*, 1849 ;

(1837). Sous le choc d'une déception amoureuse, le Poète dialogue avec sa Muse, qui l'invite à faire de la solitude et de la souffrance la matière de son art.

• 1836 : fondation des journaux *La Presse* et *Le Siècle*.

• 1836 : Balzac, *Le Lys dans la vallée*, roman.

Ce roman par lettres, appartenant aux « scènes de la vie de province », relève du mysticisme sentimental : l'amour pur d'Henriette de Mortsauf, mère attentionnée, épouse fidèle, pour Félix de Vandenesse. Elle en mourra.

Musset, *La Confession d'un enfant du siècle*, roman en partie autobiographique.

Une transposition des amours de l'auteur et de G. Sand, mais surtout le roman d'une génération minée par le « mal du siècle ».

• 1837 : Balzac, *César Birotteau*, roman.

« L'histoire de la grandeur et de la décadence » d'un parfumeur, à la chute de l'Empire.

Balzac, *Illusions perdues* (éd. déf. 1843).

Les rêves de réussite de David Séchard, imprimeur de talent, et de Lucien de Rubempré, poète sans génie, dans la France de la Restauration.

• 1838 : Daguerre réalise ses premiers « daguerréotypes ».

• 1838 : Balzac, *Splendeurs et misères des courtisanes*, roman (éd. déf. 1847).

Les amours de Lucien de Rubempré et d'Esther Gobseck qui se vend par ailleurs au baron Nucingen ; les manipulations de Vautrin et la mort de Lucien.

Hugo, *Ruys Blas*, drame.

Sur fond de décadence de la monarchie espagnole, la vie et la mort du valet Ruy Blas qui, devenu premier ministre, s'efforce de sauver le royaume et la reine dont il est amoureux.

• 1839 : insurrection républicaine à Paris.

• 1839 : Stendhal, *La Chartreuse de Parme*, roman.

Le roman d'initiation de Fabrice del Dongo, jeune homme ardent et romanesque qui, par admiration pour l'Empereur, participe, sans rien y comprendre, à la bataille de Waterloo. Soupçonné de libéralisme, traqué, il est un temps sauvé par la duchesse Sanseverina avant d'être emprisonné dans la tour Farnèse, où il s'éprend de la fille du gouverneur, Célia Conti. Réussissant à s'évader, il croit atteindre au bonheur avec Célia quand meurt leur fils et que Célia meurt à son tour de désespoir. Fabrice se retire à la Chartreuse de Parme. À la poésie des lieux s'ajoutent une observation critique de la société et un art subtil du point de vue.

Un enterrement à Ornans, 1850). Prenant sa défense dans les polémiques suscitées par ses toiles, un groupe d'artistes et d'écrivains se constitue autour de lui – parmi lesquels les romanciers Champfleury et Duranty. Fondateur de l'éphémère revue *Réalisme*, Duranty écrit :

> « Le réalisme conclut à la reproduction exacte, sincère, du milieu social, de l'époque où on vit parce qu'une telle direction d'études est justifiée par la raison, les besoins de l'intelligence et de l'intérêt du public, et qu'elle est exempte de tout mensonge, de toute tricherie. »
>
> *Réalisme*, 15 novembre 1856.

Champfleury définit quant à lui le réalisme comme « un art qui consiste à prendre des idées sans les faire danser sur la phrase [...], qui dédaigne les vrais ornements du style » (*ibid.*). C'est ce double refus des « beaux sujets » et de la « belle langue » qui vaudra au réalisme sa réputation sulfureuse de vulgarité et de grossièreté. Reste que, même si Champfleury a toujours considéré que « la reproduction de la nature » sera « toujours une interprétation », se pose la question de la structure et de la stylisation. Ce sera Maupassant qui observera que « faire vrai » n'est rien d'autre que de donner « l'illusion complète du vrai » : « Les Réalistes de talent devraient plutôt s'appeler des Illusionnistes » (« Préface » de *Pierre et Jean*, 1888). D'où l'impossibilité d'enrôler sous la même bannière Flaubert, Balzac, Stendhal ou Huysmans.

Flaubert (1856, 1862, 1869)

S'apparentant à la tradition balzacienne de l'étude sociale comme l'indique son sous-titre original : *Mœurs de province*, ainsi qu'à l'étude de cas (le « bovarysme », forme dégradée du « mal du siècle » romantique), *Madame Bovary* échappe à la conception alors traditionnelle du roman. Le rejet du romanesque événementiel s'accompagne du refus de la notion même de sujet. Même si celui-ci subsiste, il cesse d'être essentiel. L'événement est repoussé aussi longtemps que possible et, de préférence, décrit dans ses marges. Aussi, au héros conquérant de Balzac, Flaubert substitue-t-il un « héros » qui se défait, d'échec gris en échec mat.

> « Ce qui me semble beau, ce que je voudrais faire, c'est un livre sur rien, un livre sans attache extérieure, qui se tiendrait lui-même par la force interne de son style [...], un livre qui n'aurait presque pas de sujet ou du moins où le sujet serait presque invisible si cela se peut. Les œuvres les plus belles sont celles où il y a le moins de matière. »
>
> Lettre à Louise Collet, 16 janvier 1852.

• 1840 : transfert des cendres de Napoléon aux Invalides ; loi sur le travail des enfants ; parution du journal ouvrier *L'Atelier*.

• 1840 : Mérimée, *Colomba*, nouvelle.

Inspecteur des Monuments historiques, Mérimée effectue une mission archéologique en Corse en 1839. À partir de faits authentiques, il conçoit et romance l'histoire d'une terrible vendetta.

• 1842 : Aloysius Bertrand (1807-1841), *Gaspard de la nuit*, « fantaisies à la manière de Rembrandt et de Callot ».

Passé inaperçu (sauf de Baudelaire) lors de sa publication, le recueil marque la naissance du « poème en prose ».

Eugène Sue (1804-1857), *Les Mystères de Paris*, roman.

Roman d'aventures, roman historique et sociologique (les marginaux et bas-fonds de Paris) ; l'un des plus grands succès de librairie du siècle.

• 1843 : Hugo, *Les Burgraves*, drame.

Vaste fresque historique, la pièce connaît un échec retentissant, qui met fin à la carrière théâtrale de Hugo et signe le déclin du drame romantique.

• 1845 : Mérimée, *Carmen*, roman (éd. déf. 1847).

• 1847 : Jules Michelet (1798-1874) entreprend la publication de son *Histoire de la Révolution française* (1847-1853), « résurrection intégrale du passé » autant qu'hymne quasi mystique à la démocratie, à la république et au destin spécifique de la France.

• **1848** : révolution (fév.) ; proclamation de la IIe République : élection à la présidence du prince Louis-Napoléon Bonaparte.

• 1848 : Chateaubriand entreprend la publication des *Mémoires d'outre-tombe* (éd. déf. 1850), récit à mi-chemin de l'autobiographie et des mémoires historiques, où, par l'écriture, l'auteur finit par s'inscrire seul et à part dans une histoire avec laquelle il est en désaccord.

• 1850 : loi Falloux sur l'enseignement ; mort de Louis-Philippe.

• **1851** : coup d'État du 2 décembre.

Après le coup d'État du 2 décembre, Hugo s'exile, séjournant d'abord à Bruxelles, puis à Jersey (1852-1855) et à Guernesey (1855-1870).

• **1852** : proclamation du Second Empire (→ 1870).

• 1852 : Théophile Gautier (1811-1872), *Émaux et Camées*, poésie (éd. déf. 1872).

Soutien actif de Hugo lors de la « bataille d'*Hernani* », mais se moquant d'un certain romantisme dans *Les Jeunes France* (1833), Gautier a dénoncé dans la préface de son premier roman (*Mademoiselle de Maupin*, 1836), l'utilitarisme en art. Ses *Émaux et camées* illustrent la doctrine de l'« art pour l'art » (perfection de la forme et du rythme).

De ce « livre sur rien », *L'Éducation sentimentale* est l'exemple. Les illusions de l'amour et de la révolution (1848) s'enlisent dans la routine et dans l'absence de tout désir authentique, de toute volonté d'action. Le romanesque est toujours « à côté » :

> « Le destin d'Emma et de Frédéric Moreau s'accomplit dans une zone intermédiaire entre ce qui a été et un possible qui n'aura jamais lieu, il se prépare et se conclut non pas ici et maintenant, mais dans un monde perpétuellement décalé [...], de sorte que leur roman est moins une suite de péripéties ordonnées selon le temps commun qu'une continuelle oscillation entre le "j'étais" et le "j'aurais pu" qui les suspendent indéfiniment à mi-chemin du rêve et de la décision. »
>
> Marthe Robert, *En haine du roman*, 1982.

La forme devient dès lors primordiale : nouvelle fonction de la description qui cherche moins à faire voir qu'à suggérer presque « entre les lignes » ; fondu de la description et de la narration ; rôle symbolique des objets ; multiplication et confusion (ironique) des points de vue ; recours au réel comme reflet d'une conscience. Flaubert apparaît comme le premier des romanciers modernes.

Charles Leconte de Lisle (1818-1894), *Poèmes antiques* (éd. déf. 1874).

Né à la Réunion, Leconte de Lisle, après avoir milité pour les idées socialistes, se voue au culte de l'art et s'impose comme le chef de file du Parnasse*. Après ses *Poèmes antiques*, inspirés par l'antiquité grecque et hindoue, il publie *Poèmes barbares* (1802-1878), célébration des civilisations lointaines.

• 1853 : Hugo, *Les Châtiments*, poésie satirique.

Une dénonciation violente du coup d'État, du régime et de ses profiteurs, et de la médiocrité de Napoléon III « le Petit », par opposition au Grand Empereur.

Gérard de Nerval (1808-1805), *Sylvie*, nouvelle reprise dans *Les Filles du feu* (1854).

L'évocation du Valois et la naissance de l'auteur au mysticisme sentimental. Suite de sonnets, *Les Chimères* (1853) mêlent épisodes vécus et rêves. Rédigé lors de son internement dans la clinique du docteur Blanche, le récit en prose d'*Aurélia* (1853-1854) décrit les délires du poète depuis sa rupture avec Jenny Colon (« Aurélia »). Une transfiguration du réel par l'écriture et une quête perpétuelle du rêve et du sens afin de « percer [...] ces portes d'ivoire ou de corne qui nous séparent du monde invisible ».

• 1854-1856 : guerre de Crimée.
• 1855 : exposition universelle à Paris.

• 1856 : traité de Paris mettant fin à la guerre de Crimée.

• 1856 : Gustave Flaubert (1821-1880), *Madame Bovary* (éd. déf. 1857).

En partie inspirée d'un fait divers, l'histoire d'une jeune provinciale, déçue dans ses attentes et ses rêves, victime d'un « mal du siècle » suintant du quotidien.

Paru en feuilleton dans la *Revue de Paris*, le roman fit scandale avant d'être salué comme le chef-d'œuvre de l'esthétique réaliste. Traîné en justice pour immoralisme, Flaubert fut acquitté de justesse.

Hugo, *Les Contemplations*, poésie.

« Mémoire d'une âme », le recueil couvre « vingt-cinq années » et se divise en deux parties : « Autrefois », avant la noyade de Léopoldine (4 décembre 1843) et « Aujourd'hui » : lyrisme des temps heureux, douleurs et interrogations mystiques.

• 1857 : Charles Baudelaire (1821-1867), *Les Fleurs du Mal* (1re éd., augmentée en 1861 ; éd. déf. 1868)*.

Le texte fondateur de la poésie moderne. Condamné en 1857 pour immoralisme, Baudelaire dut supprimer six poèmes – qui seront publiés avec d'autres pièces dans *Épaves* (1866).

Le Parnasse (cf. 1866, 1893)

La publication en 1866 du premier recueil du *Parnasse contemporain* marque la naissance de la poésie parnassienne. Les prémices sont en fait bien antérieures à cette date : elles remontent à Baudelaire, à Leconte de Lisle (dont les *Poèmes antiques* paraissent en 1852), à Gautier qui récusait toute utilité de l'art et même au Victor Hugo des *Orientales*, ce « livre inutile de pure poésie ». Le Parnasse naît en effet d'une triple et grandissante contestation : contre les romantiques, il refuse tout épanchement lyrique du « moi » ; contre les saint-simoniens et les œuvres de la maturité hugolienne, il n'accepte pas de subordonner l'art à une quelconque mission ; contre les nouveautés et expérimentations prosodiques, il prône le strict respect des règles.

Les Parnassiens se consacrent à la recherche exclusive de la beauté idéale, donc éternelle – que chante l'ultime poème d'*Émaux et camées* : « Tout passe. – L'art robuste / Seul a l'éternité / Le buste/Survit à la cité. » De là vient son culte de la forme, d'une perfection digne (ou rivale) de la statuaire : précision du mot ; choix judicieux des images ; prosodie rigoureuse – dont, en 1872, Théodore de Banville fixe la technique dans son *Petit Traité de versification française*. Ainsi s'explique aussi sa prédilection pour les mythes, pour les civilisations anciennes ou disparues.

Consacrant le divorce de l'art et du monde, les Parnassiens se veulent « impassibles », mais d'une impassibilité qui, si elle est « dépersonnalisation », n'est pas une « déshumanisation ». Ces contestataires du lyrisme romantique n'en exploitent en effet pas moins des thèmes traditionnels (la nature, l'amour, la mort) mais pour leur conférer une valeur exemplaire et universelle. Quand, en 1893, J.-M. de Hérédia donne avec ses *Trophées* l'expression peut-être la plus élaborée de la poésie parnassienne, l'« école » est depuis longtemps contestée par les Symbolistes et les Décadents puis par presque toute la génération de 1870. Il n'en demeure pas moins que le Parnasse, en remettant en cause le Romantisme, prépare la voie au renouveau de la poésie.

• 1859 : début des travaux du canal de Suez (inauguré en 1869).

• 1860 : le Piémont cède la Savoie et Nice à la France.

• 1861-1865 : guerre de Sécession aux États-Unis.

• 1863 : fondation du quotidien *Le Petit Journal.*

• 1864 : premières voitures automobiles à moteur à essence.

• 1859 : Hugo, *La Légende des siècles*, poésie épique (éd. déf. 1883).

Présentée comme le premier volet du triptyque, complétant *Dieu* et *La Fin de Satan*, l'histoire de l'humanité et de son ascension vers le Bien.

• 1862 : Baudelaire, *Petits poèmes en prose* (éd. déf. 1869 sous le titre de *Spleen de Paris*).

Cinquante petits tableaux (pour la plupart consacrés aux faubourgs de Paris), dans lesquels Baudelaire, à la recherche d'une prose musicale « sans rythme et sans rime », applique à la vie moderne « [...] le procédé que Bertrand (dans *Gaspard de la nuit*) avait appliqué à la vie ancienne ».

Flaubert, *Salammbô*, roman historique.

La révolte des mercenaires libyens et de leur chef Mathô contre Carthage, et leur extermination par Hamilcar, dont la fille Salammbô meurt de désespoir lors du supplice de Mathô. Un roman somptueux, « historique », dont Moussorgski tirera un opéra.

Hugo, *Les Misérables*, roman.

La somme romanesque hugolienne, dont le succès sera à la source d'autres romans humanitaires de Victor Hugo : *Les Travailleurs de la mer* (1866), *L'homme qui rit* (1869) et *Quatre-vingt-treize* (1874).

• 1863 : Émile Littré (1801-1881) entreprend la publication de son *Dictionnaire de la langue française* (→ 1877).

• 1864 : Vigny, *Les Destinées*, poésie philosophique.

Une méditation, par le truchement des symboles, sur la condition humaine, refusant le matérialisme du progrès et constatant le silence de Dieu.

• 1865 : Claude Bernard (1813-1878), *Introduction à l'étude de la médecine expérimentale*, essai scientifique et philosophique.

L'une des références majeures des écrivains naturalistes.

Edmond (1822-1896) et Jules (1830-1870) de Goncourt, *Germinie Lacerteux*, roman.

Auteurs de *Renée Maupertin* (1864) puis de *Manette Salomon* (1867), de *Madame Gervaisais* (1869) et d'un *Journal*, les deux frères analysent des cas cliniques. Leur sens du détail, leur goût pour le document « d'après nature » les rattachent à l'esthétique réaliste. Par testament, Edmond fonde l'Académie Goncourt.

Baudelaire : *Les Fleurs du Mal* (cf. 1857)

Les Fleurs du Mal s'ouvrent sur un poème liminaire (« Au lecteur »), montrant l'homme en proie à la « double postulation » de son être : la nostalgie d'un « idéal » perdu et l'enlisement dans le quotidien, le « spleen ». C'est donc à une exploration de la misère humaine que l'œuvre invite : « Hypocrite lecteur – mon semblable, mon frère ! » : le lyrisme personnel a valeur d'universalité, dans un compagnonnage de la déchéance. Suivent dès lors six sections :

– « Spleen et idéal » (85 poèmes dans la version définitive) : les assauts de l'angoisse et le désir de l'infini. Les rapports entre les deux termes ne sont pas seulement antithétiques, ils sont aussi de cause à effet : sans goût de l'absolu, pas de sentiment de déchéance. À chaque « élévation » correspond une (re)chute ;
– « Tableaux parisiens » (18 poèmes) : la « fourmillante cité pleine de rêves » démultiplie la détresse du poète dans ces autres, exclus ou infirmes, qui lui ressemblent ;
– « Le vin » (5 poèmes) : premiers recours désespérés pour trouver, dans diverses formes d'ivresse, de quoi s'évader vers l'« ailleurs » ;
– « Fleurs du mal » (9 poèmes) : jusque dans la luxure et les amours interdites, la quête toujours vaine d'un infini toujours inaccessible ;
– « Révolte » (3 poèmes) : d'où la rébellion contre Dieu et la compromission avec Satan, cet autre grand déchu ;
– « La mort » (6 poèmes) : la mort moins comme délivrance que comme ultime pari, comme espérance d'un voyage au terme duquel les antinomies disparaîtront dans une réconciliation ou un salut harmonieux : « Ô Mort. »

> « Verse-nous ton poison pour qu'il nous réconforte !
> Nous voulons, tant ce feu nous brûle le cerveau,
> Plonger au fond du gouffre, Enfer ou Ciel, qu'importe ?
> Au fond de l'Inconnu pour trouver du *nouveau* ! »

Baudelaire se situe entre tradition et modernité. Sa poétique est néoclassique et à certains égards « parnassienne » : recours fréquent (mais non exclusif) à la forme fixe du sonnet ; respect des règles prosodiques ; usage courant des figures rhétoriques traditionnelles. Sa « modernité » est ailleurs, notamment dans l'« imagination » – entendue non comme une force d'idéalisation ou d'extravagance, mais comme une faculté permettant de saisir ce que le réel (jusqu'aux objets les plus laids) recèle de puissance et/ou d'harmonies cachées : c'est une « faculté quasi divine, qui perçoit tout d'abord, en dehors des méthodes philosophiques, les rapports intimes et secrets des choses, les correspondances et les analogies » (*Notes nouvelles sur E. Poe*). Par là, Baudelaire dépasse aussi bien le « réalisme » que le formalisme de l'« art pour l'art ». Puisque la fragmentation du

• 1866 : Pierre Larousse (1817-1875) entreprend la publication de son *Grand Dictionnaire universel* (→ 1880).

Paul Verlaine (1844-1896), *Poèmes saturniens*.

Sous l'impassibilité parnassienne* affichée (« Le Poète, l'amour du Beau, voilà sa foi »), ce premier recueil témoigne déjà de l'originalité verlainienne : perception aiguë de la fuite du temps, univers assourdi de la sensation et du rêve, états vagues, mélancoliques, rythmes impairs.

• 1867 : Émile Zola (1840-1902), *Thérèse Raquin*, roman.

Premier roman remarqué de Zola – l'histoire de deux assassins finissant par se suicider faute de pouvoir supporter nerveusement leur crime – où se met en place l'esthétique zolienne abondamment explicitée dans la « Préface » à la seconde édition.

• 1868 : fondation de l'École pratique des hautes études.

• 1869 : Flaubert, *L'Éducation sentimentale*, roman.

Sur fond de la révolution de 1848 et du second empire, le roman de l'échec tant des individus (à travers l'amour de Frédéric pour Mme Arnoux) que d'une génération, incapable de maîtriser l'Histoire.

Verlaine, *Les Fêtes galantes*, poésie.

Inspirés des peintures de Watteau et de Fragonard, vingt-deux poèmes évoquant les plaisirs d'une société élégante et frivole, que troublent la tristesse et la mélancolie.

Lautréamont (pseudonyme d'Isidore Ducasse, 1846-1870), *Les Chants de Maldoror*, poésie.

Saisissant les formes multiples de la souffrance humaine, Maldoror se révolte contre Dieu, puis devient un symbole infernal polymorphe : « Moi, je fais servir mon génie à dépeindre les délices de la cruauté ». Cette poésie sera saluée par les Surréalistes.

• **1870** : guerre franco-prussienne ; défaite de Sedan (2 sept) ; chute du Second Empire et proclamation de la IIIe République (4 sept.) ; siège de Paris.

• 1870 : Zola, *La Fortune des Rougon*, roman*.

Premier des vingt volumes du cycle des *Rougon-Macquart*.

Arthur Rimbaud (1854-1891), *Poésies* (1870-1873, éd. déf. 1891).

Le recueil contient notamment « Ophélie », « Le Bal des Pendus », « Le Dormeur du val », de facture encore traditionnelle. Rédigé avant septembre 1871, « Le Bateau ivre » marque une première rupture avec la « vieillerie poétique ». La *Lettre dite du Voyant* (1871) prône un « long, immense et raisonné dérèglement de tous les sens ». Prose poétique et autobiographique, *Une saison en enfer* (1873) dresse le bilan des mois passés avec Verlaine et de

monde ne permet pas d'accéder à son unicité, il convient de la saisir (ou de s'en approcher) dans l'acte poétique lui-même. La théorie des « correspondances » (que Baudelaire emprunte notamment aux Romantiques allemands) s'inscrit dans ce projet et appelle la puissance de l'image, ce « frisson nouveau » qu'elle engendre par son implicite, par son ambivalence, par sa hardiesse. Souvent reconnaissable, le réel dévoile une « surnature ».

Trois décennies plus tard, Rimbaud reprochera à Baudelaire de n'avoir pas compris que « les inventions d'inconnu réclament des formes nouvelles ». Héritier du romantisme, celui-ci n'en ouvrait pas moins la voie à la poésie moderne.

Le naturalisme (env. 1870-env. 1893)

Le naturalisme se veut inséparable de l'évolution scientifique de la seconde moitié du XIXe siècle. Au positivisme d'Auguste Comte, il emprunte les concepts clés d'« observation » et de « raisonnement », le refus du psychologisme pur et désincarné. De la méthode d'Hippolyte Taine (1828-1893) appliquée aux sciences « morales », il retient l'idée que la création artistique est elle-même dépendante de faits objectivement analysables. À la médecine – notamment au *Traité philosophique et physiologique de l'hérédité naturelle* (1850) de Prosper Lucas et à l'*Introduction à l'étude de la médecine expérimentale* (1865) de C. Bernard-, il doit sa conviction que l'hérédité domine tout et que le fait social provient du fait vital. Zola arrache ainsi « le genre romanesque aux interdits qui en limitaient l'expansion et, avec d'autres, lui ouvre les champs en friche de la névrose, du sexe, de l'hérédité, du conflit social, du corps et de la société dans leur matérialité » (H. Mitterand, *Le Discours du roman*).

D'où un certain nombre de rejets :

– *« L'imagination n'est plus la qualité maîtresse du romancier »* (*Le Roman expérimental*). Si le romancier « invente » bien encore, c'est pour poser des faits initiaux desquels il s'agira de déduire toutes les conséquences ;
– *le refus de la description ornementale*, laquelle devient « un état du milieu qui détermine et complète l'homme » ;
– *le rejet des « beaux sujets »* : « L'intérêt n'est plus dans l'étrangeté de l'histoire ; au contraire plus elle sera banale et générale, plus elle deviendra typique » (*ibid.*).

Et l'affirmation de plusieurs principes :

– *l'importance des « documents humains »*, de l'« observation » et de l'« expérimentation » – celle-ci étant « un choix d'intelligence, une attitude de l'esprit (Alain de Lattre, *Le*

• **1871** : proclamation de l'empire allemand à Versailles ; perte de l'Alsace et de la Lorraine ; insurrection et répression de la Commune (18 mars-28 mai) ; Thiers, président de la République (→ 1873).

• 1874 : première exposition des Impressionnistes.

• 1875 : amendement Wallon fondant juridiquement la République.

• 1876 : fondation du *Petit Parisien.*

• 1877 : Gros et Edison inventent (séparément) le phonographe.

• 1878 : exposition universelle à Paris.

• 1879 : *La Marseillaise* (re)devient l'hymne national.

• 1880 : le 14 juillet devient fête nationale ; loi Camille Sée sur l'enseignement secondaire des jeunes filles.

ses déceptions artistiques. Avec les *Illuminations* (rédigées entre 1873 et 1875, mais publiées en 1886), « enluminures » d'un illuminé, Rimbaud s'efforce, à l'instar de Dieu, d'étreindre l'univers et l'inconnu ; et il clôt son aventure poétique avant de s'enfoncer dans le désert d'Arabie et de revenir mourir à Marseille.

• 1874 : Barbey d'Aurevilly (1808-1889), *Les Diaboliques*, recueil de nouvelles où s'exprime la fascination du mal.

Verlaine, *Romances sans paroles*, poésie.

Rédigées durant la période où Verlaine partage la vie de Rimbaud, ces « romances » multiplient les équivalences entre poésie, musique et peinture.

• 1876 : Zola, *L'Assommoir*, roman (éd. déf. 1877).

L'ascension et la déchéance de Gervaise dans le monde des ouvriers parisiens subissant les ravages de l'alcool. L'un des plus grands succès de Zola.

Stéphane Mallarmé (1842-1898), *L'Après-midi d'un faune* (1876-1887), d'inspiration symboliste*.

Professeur d'anglais, ayant déjà publié en 1866 dans « Le Parnasse contemporain » dix poèmes (dont « Les Fenêtres », « Azur », « Brise marine ») où se manifeste la hantise de l'Idéal inaccessible, Mallarmé, d'abord peu connu, est considéré comme le chef de file de l'école symboliste, quand lui-même s'oriente vers l'hermétisme, comme l'attestent sa *Prose pour des Esseintes* (1885), *Un coup de dés jamais n'abolira le hasard* (1897), à la déconcertante typographie, et ses « poésies » publiées en 1887.

• 1879 : Zola, *Nana*, roman sur l'univers des demi-mondaines.

Le Roman expérimental, recueil d'articles sur l'esthétique naturaliste.

• 1880 : Verlaine, *Sagesse*, poésie.

Écho de l'élan mystique que connaît Verlaine, durant ses deux ans de détention à Mons, la « sagesse » est autant éthique qu'esthétique, Verlaine revenant à des formes poétiques plus traditionnelles.

Guy de Maupassant (1850-1893), *Boule de suif*, nouvelle.

Dans la foulée de l'énorme succès que remporte cette nouvelle, Maupassant en écrit plus de deux cents autres : (*La Maison Tellier*, 1881 ; *Mademoiselle Fifi*, 1882), qui alternent avec des romans : *Une Vie* (1883), *Bel-Ami* (1885), *Pierre et Jean* (1888). Familier de

Réalisme selon Zola) qui permettent de poser un postulat pour en vérifier, par la création, le bien fondé ;
– *le rôle clé du « tempérament »*, qui fait que le naturalisme ne se veut pas soumission à la nature décrite mais animation du réel : « Mettre debout des créatures vivantes » ! (d'où l'importance du style, qui devient partie intégrante du réel).

L'ensemble des *Rougon-Macquart* retrace l'histoire d'une seule famille en deux branches : la branche, légitime, des Rougon ; et la branche, illégitime, des Macquart. La fondatrice de cette immense famille est une paysanne, Adélaïde Fouque, dite tante Dide, née en 1768 et morte à l'âge de cent cinq ans en 1873. Mariée en 1786 à un paysan, Marius Rougon, elle a un fils, Pierre Rougon. Veuve en 1789, elle prend un amant, Macquart, contrebandier, déséquilibré et ivrogne. De cette liaison naîtront deux enfants : un fils, Antoine Macquart ; et une fille, Ursule Macquart.

À la branche des Rougon, appartiennent *La Fortune des Rougon* ; *Son Excellence Eugène Rougon* ; *La Faute de l'abbé Mouret* ; *La Curée* ; *L'Argent* ; *La Conquête de Plassans* ; *Le Rêve* ; *Pot-Bouille* ; *Au Bonheur des dames* ; *Le Docteur Pascal*.

À la branche des Macquart : (outre *La Fortune*), *Une page d'amour* ; *Le Ventre de Paris* ; *L'Assommoir* ; *La Débâcle* ; *La Terre* ; *La Joie de vivre* ; *La Bête humaine* ; *Germinal* ; *Nana* ; *L'Œuvre*.

Zola, il prend toutefois ses distances avec le naturalisme, se tournant vers le fantastique, dont *Le Horla* (1887) est l'exemple type.

• 1882 : Henri Becque (1837-1899), *Les Corbeaux*, drame.

Avec *La Parisienne* (1885), la seule grande réussite du drame naturaliste.

• 1884 : Joris-Karl Huysmans (1848-1907), *À Rebours*, roman.

À travers la vie de Jean Floressas, décadent duc des Esseintes, la critique du naturalisme.

Zola, *Germinal*, roman (sur les mineurs).

• 1889 : Zola, *La Bête humaine*, roman (sur le rail). Verlaine, *Parallèlement*, poésie.

Composé de poèmes écrits durant l'incarcération de Verlaine et, à l'origine, destiné à *Cellulairement* (qui ne verra jamais le jour), le recueil est « en quelque sorte l'enfer de son œuvre chrétien » (Avertissement de 1894). Une écriture érotique se mêle à la voix des confidences.

• 1893 : Zola, *Le Docteur Pascal*, roman clôturant le cycle des *Rougon-Macquart*.

José-Marie de Hérédia (1842-1905), *Les Trophées*, poésie.

Le chef-d'œuvre du poète et la plus grande réussite de l'école parnassienne.

• 1895 : André Gide (1869-1951), *Paludes*, roman.

Deuxième roman de Gide après *Le Voyage d'Urien* (1893), bâti sur le procédé de la mise en abyme, « l'histoire d'un homme qui ne peut pas voyager ». Un roman sur l'écriture et « sur rien ».

Émile Verhaeren (1855-1916), *Les Villes tentaculaires*, poésie.

Dernier volet du triptyque (avec *Les Campagnes hallucinées*, 1893, et *Les Villages illusoires*, 1895), d'inspiration socialiste et de facture « moderne » (vers libre et lyrisme heurté).

• 1896 : Alfred Jarry (1873-1907), *Ubu roi*, « drame » premier volet d'une trilogie avec *Ubu cocu* et *Ubu enchaîné*), farce « hénaurme » et parodie de *Macbeth*, brisant les conceptions traditionnelles de la représentation théâtrale.

Paul Valéry (1871-1945), *La Soirée avec Monsieur Teste*.

• 1897 : André Gide, *Les Nourritures terrestres*, essai.

Dans cet ouvrage conçu au retour du premier séjour de l'auteur

---

• 1882 : lois scolaires de Jules Ferry ; mort de Gambetta.
• 1884 : loi Waldeck-Rousseau sur les libertés syndicales ; loi Naquet sur le divorce.
• 1886-1889 : le « boulangisme ».
• 1888 : inauguration de l'Institut Pasteur.
• 1889 : 1er congrès socialiste à Paris ; fondation de la IIe Internationale ; exposition universelle à Paris ; tour Eiffel.
• 1890 : premiers vols de Clément Ader.
• 1891 : encyclique *Rerum novarum*.
• 1892 : scandale de Panama.
• 1894 : assassinat de Sadi Carnot ; premier procès Dreyfus.
• 1895 : création de la CGT.

• 1896 : début de la construction du métro parisien par Bienvenue.

Le symbolisme (cf. 1876, 1880, 1889)

En conclusion du texte qu'il publie dans *Le Figaro* du 18 septembre 1886, Jean Moréas (1856-1910) écrit :

> « Ainsi dans cet art les tableaux de la nature, les actions des humains, tous les phénomènes concrets ne sauraient se manifester eux-mêmes. Ce sont là de simples apparences sensibles destinées à représenter leurs affinités ésotériques avec les idées primordiales. »

Le texte prend aussitôt valeur de manifeste, sans qu'il soit toutefois possible de l'ériger en doxa fondatrice d'une école, tant sont diverses les expériences, les aspirations et les recherches des poètes symbolistes. C'est moins une doctrine qui les nourrit qu'une convergence d'idées.

Le symbolisme naît en réaction contre le positivisme triomphant qui affirme le primat de la matière. Sous l'influence des philosophes allemands (notamment Schopenhauer, *Le Monde comme volonté et comme représentation* ; Hartmann, *Philosophie de l'inconscient*), il perçoit le monde comme une représentation : le sensible est l'image d'une autre réalité, difficile d'accès, mais possédant une unité profonde que seule la perception de multiples analogies existantes entre les choses permet d'entrevoir. Par sa pratique de la synesthésie et son art de dépasser les apparences, Baudelaire avait ouvert la voie. Le symbolisme valorise ainsi une « esthétique de la suggestion », qui privilégie les états incertains de la conscience, les contours flous, les jeux de la pénombre. L'essor de l'impressionnisme, en peinture, l'y encourageait, comme les théories de Wagner insistant en particulier sur la nécessaire musicalité des textes poétiques. C'est Verlaine qui, dans son « Art poétique » (*Jadis et Naguère*), se propose de rivaliser par les mots, avec la pureté de l'art musical pour mieux atteindre un monde intérieur :

> « De la musique avant toute chose
> Et pour cela préfère l'Impair
> Plus vague et plus soluble dans l'air,
> Sans rien en lui qui pèse ou qui pose. »

Mallarmé voit son *Hérodiade* comme l'« ouverture » d'un drame lyrique, et son *Coup de dés* comme une symphonie. Debussy compose son opéra *Pelléas et Mélisande* d'après la pièce de Maeterlinck, et il s'inspire de Mallarmé pour son *Après-midi d'un faune.*

Le symbole cesse par ailleurs d'être une transposition dans une image concrète (comme chez Vigny, par exemple, ou parfois chez Baudelaire) pour devenir lui-même un signe, l'idée signifiant le réel. Avec son désir de « transposer

en Afrique du Nord (1893-1894), le narrateur retrace à l'intention de son disciple Nathanaël sa découverte de la sensualité et de la volonté. Une écriture somptueuse et provocante.

Edmond Rostand (1868-1918), *Cyrano de Bergerac*, comédie.

Le triomphe de l'auteur et l'un des plus grands succès de l'histoire théâtrale.

Zola, *J'accuse* : l'intervention retentissante de Zola dans l'affaire Dreyfus (13 janvier).

• **1898-1906** : affaire Dreyfus.

• 1899 : Henri Bergson (1859-1941), *Le Rire. Essai sur la signification du comique* (éd. déf. 1900).

Du comique défini comme du « mécanique plaqué sur du vivant ».

un fait de nature en sa presque disparition vibratoire selon le jeu de la parole », Mallarmé apparaît tout naturellement comme le « Maître » – ainsi que l'appelaient ses intimes du « mardi soir » – du courant symboliste. À l'extrême limite, la poésie s'épure définitivement dans le « blanc » et le « silence ».

Né d'une réaction, le symbolisme suscitera lui-même une réaction. Le même Jean Moréas fonde en 1891 l'« école romane » qui, contre l'hermétisme mallarméen, appelle à plus de clarté dans l'expression.

Au théâtre, le symbolisme suscite une nouvelle esthétique et une nouvelle dramaturgie. Le « Théâtre d'Art » de Paul Fort (1872-1960) et le « Théâtre de l'Œuvre » de Lugné-Poe (1869-1940) accueillent les pièces de Rémy de Gourmont, de Maeterlinck qui, à l'opposé du réalisme, suggèrent le mystère et l'inconnu.

Musique, peinture, emploi des mots pour leur sonorité, pour leur puissance incantatoire, libération définitive du carcan de la versification (avec le vers-librisme, chez Jules Laforgue ou René Ghil) : le surréalisme saura se souvenir de quelques-unes des quêtes et des pratiques du symbolisme.

6

Le XXe siècle

• 1900 : exposition universelle à Paris.
• 1901 : loi sur les associations.

• 1901 : Paul Claudel (1868-1955), *Tête d'or* (2e version), drame.

Converti au catholicisme à 18 ans, Claudel mène une double carrière de diplomate et d'écrivain. Auteur en 1900 de *Connaissance de l'Est*, recueil de poèmes en prose inspirés par la Chine où il séjourne durant quatorze ans comme consul, il publie en 1899 une première version de *Tête d'or*. La seconde et dernière version narre l'épopée fabuleuse du paysan Simon Agnel, sujet fidèle du vieux roi David, puis régicide, avant de mourir lors d'une gigantesque opération militaire. Avec *La Ville* (1890), *L'Échange* (1893) et *Le Repas du septième jour* (1896), ce drame exprime de manière allégorique le désespoir mais aussi la démesure de l'homme sans la grâce, et que seul Dieu peut apaiser et sauver.

• 1902 : André Gide, *L'Immoraliste*, récit.

La poursuite du plaisir dans la libération de toute entrave.

• 1903 : première attribution du prix Goncourt à John-Antoine Nau (1860-1918) pour son roman *Force ennemie*.

• 1904 : Romain Rolland (1866-1944), *Jean Christophe*, roman (→ 1912).

• 1905 : séparation de l'Église et de l'État ; fondation de la SFIO.

• 1906 : réhabilitation du capitaine Dreyfus.

Agrégé d'histoire, passionné de musique, profondément pacifiste, R. Rolland écrit le premier « roman-fleuve » de la littérature française, comportant au total dix volumes : *L'Aube* (1904), *Le Matin* (1904), *L'Adolescent* (1905), *La Révolte* (1907), *Les Amies* (1910), *Le Buisson ardent* (1911), *La Nouvelle Journée* (1912). Le roman retrace la vie d'un génie musical, allemand par ses origines, français de cœur, membre surtout de l'« unité humaine », qui le fait communier avec tous les peuples. Il rédige parallèlement *Vie des hommes illustres* (1903-1911). Prix Nobel de littérature en 1916, il publie en 1919 *Colas Breugnon*, roman d'un paysan nivernais sous Louis XIII.

• 1907 : Georges Feydeau (1862-1921), *La Puce à l'oreille*, vaudeville.

Auteur de *L'Hôtel du libre-échange* (1894), de *La Dame de chez Maxim's* (1899), puis d'*Occupe-toi d'Amélie* (1908), de *Feu la mère de Madame* (1908) ou de *On purge bébé* (1910), Feydeau s'impose

La poésie avant 1914

Tandis que le symbolisme jette ses derniers feux apparaissent de nouvelles tendances. Fondé par Saint-Georges de Bouhélier (1876-1947), le naturisme prône un retour au bucolique quotidien. Animé par Jules Romains, l'unanimisme des poètes de l'« Abbaye de Créteil » célèbre les grands sentiments qui font participer l'individu à « l'être collectif ». Les fantaisistes (P.-J. Toulet, F. Carco) jouent avec l'écriture. Aucune de ces « écoles » ne s'impose vraiment. Les poètes les plus féconds suivent leur propre voie : F. Jammes se fait le chantre du lyrisme chrétien (*Les Géorgiques chrétiennes*, 1912) ; Péguy poursuit sa double quête mystique républicaine et chrétienne ; un néoromantisme féminin frémit dans les poèmes d'Anna de Noailles (1876-1933). C'est le retour au concret, aux traditions et à la poésie populaires (les *Ballades françaises* de Paul Fort), mais dans une forme souvent « libérée » : le « vers-librisme » triomphe.

L'avant-garde poétique : Apollinaire, Cendrars (cf. 1913)

Le développement des techniques, les prodiges de la vitesse, la griserie des voyages, les découvertes scientifiques bouleversent les perceptions traditionnelles du monde. En 1909, l'Italien Marinetti publie le *Manifeste technique de la littérature futuriste* qui appelle à une alliance nouvelle de la poésie et de la modernité. C'est une remise en question radicale tant des sources d'inspiration que des techniques d'expression et de création.

Apollinaire s'impose comme le grand novateur par sa synthèse, toute personnelle, de la « tradition » et de l'« invention ». Sur des thèmes anciens – le temps, la fugacité des choses et des sentiments, le « mal-aimé » –, il embrasse la modernité. Le poème liminaire d'*Alcools*, « Zone », renvoie à l'esthétique cubiste par la juxtaposition de ses motifs. La hardiesse de ses images (« Soleil cou coupé ») suscite un choc qu'apprécieront les Surréalistes. L'abolition de la ponctuation donne au rythme et à la coupe du vers une musique et une ambivalence suggestives. La poésie cesse d'être une transposition pour devenir une création en soi, poème objet, autonome, renvoyant à lui-même. Tout à la fois héritier, novateur et précurseur, Apollinaire figure parmi les grands « classiques » avec des

comme le maître du vaudeville. Intrigues cocasses, mécanique implacable, mouvement étourdissant.

Saint-Pol Roux, *Les Féeries intérieures*, poésie.

Auteur d'*Anciennetés* (1903) et de drames lyriques (*La Dame à la faulx*, 1899), ce disciple de Mallarmé se détourne de l'hermétisme pour traduire, en des images fulgurantes, le mouvement du monde et des êtres.

• 1909 : André Gide, *La Porte étroite*, récit.

« Efforcez-vous d'entrer par la porte étroite » est-il écrit dans l'*Évangile selon Saint Luc*. Appliquant le précepte à la lettre, Alissa renonce au bonheur terrestre avec Jérôme pour mériter son salut.

Avec Copeau et Schlumberger, Gide fonde la *Nouvelle Revue française*.

• 1910 : P. Claudel, *Cinq grandes odes**, poésie.

Le sommet de l'œuvre lyrique de Claudel.

Charles Péguy (1873-1914), *Le Mystère de la Charité de Jeanne d'Arc*, poésie ; *Victor-Marie, comte Hugo*, essai.

Ancien élève de l'École normale supérieure, séduit par les idées socialistes avant de rompre avec Jaurès en 1905, « dreyfusard » convaincu, Péguy publie en 1897 le drame de *Jeanne d'Arc*, où il exalte le don de soi. Fondateur en 1900 des *Cahiers de la Quinzaine*, il évolue, après sa conversion en 1908 au catholicisme, vers un patriotisme mystique. *Le Mystère de la charité*... est le premier volet d'une trilogie complétée par *Le Porche du mystère de la deuxième vertu* (1911) et *Le Mystère des saints Innocents* (1912). Cette prose poétique, influencée par le verset biblique, s'attache à saisir « la permanence du spirituel dans le temporel ». Suivront *Les Tapisseries* (1913). Péguy est tué au combat le 5 septembre 1914.

• 1911 : Valéry Larbaud (1881-1957), *Femina Marquez*, roman.

Grand voyageur, traducteur de Joyce, Larbaud est romancier, nouvelliste et poète. Son roman, *Femina Marquez*, raconte les amours collégiennes, à l'épilogue désenchantée, de l'héroïne. Suivront *Enfantines* (1918), *Beauté mon beau souci* (1928) et surtout *A.O. Barnabooth. Ses œuvres complètes* (1913), pseudo poète sud-américain et « double » cosmopolite de l'auteur.

Saint-John Perse (1887-1975), *Éloges*, poésie.

Avec ce premier recueil, Marie-René Alexis Saint-Léger, célébrant sa Guadeloupe natale, s'impose comme le poète de la communion avec les grandes forces de la nature.

poèmes tels que « Le Pont Mirabeau », « La Chanson du mal-aimé » ou « Nuit rhénane ».

À cette révolution participe également Blaise Cendrars. Poète du monde et de l'aventure, « tournant dans la cage des méridiens », il pratique le « simultanéisme » dont ses *Pâques à New York* (1912) et surtout la *Prose du Transsibérien* sont l'illustration : un kaléidoscope de sensations, de réflexions, d'images, saisies à leur naissance, presque à l'état brut.

Les odes claudéliennes (cf. 1910)

Composées de 1900 à 1908, les *Cinq grandes odes suivies d'un Processionnel pour saluer le siècle nouveau*, rédigées selon la technique du verset biblique, retracent l'itinéraire spirituel du poète. La première *Ode* (1904) est une invocation aux neuf Muses, dans laquelle Claudel définit son art poétique : nommer le monde, c'est poursuivre et continuer la création divine. La deuxième *Ode* (1906) dépasse l'opposition entre *Animus* et *Anima* par l'analogie entre l'eau, « élément de la création », et l'Esprit, « élément de vie ». L'*Ode III* (1907) est un « magnificat » : « le poète se souvient des bienfaits de Dieu et élève vers lui un cantique de reconnaissance ». L'*Ode IV* (1907) fait dialoguer la Muse et le poète, dans une transposition lyrique du conflit entre la nature et la grâce. L'*Ode V* (1908) présente la poésie comme la figure de l'âme, gardée comme autant de points cardinaux par les quatre vertus cardinales. Ainsi s'établit (se rétablit) l'unité de la poésie et de la foi. Dire l'être et le monde, c'est « restituer l'éternel ».

À la recherche du temps perdu (cf. 1913, 1918, 1920, 1922, 1925, 1927)

Cette autobiographie fictive comprend sept sections, dont les trois dernières parurent après la mort de Proust.

Du côté de chez Swann (1913)

Le narrateur remonte aux jours heureux de son enfance à Combray (Illiers), dont une association fortuite lui permettra de retrouver les impressions et sensations. C'est le temps de l'initiation : la découverte de l'angoisse quand un soir manque le baiser maternel ; les plaisirs de la lecture ; la division du monde en deux « côtés » : celui de Swann et celui des Guermantes. Vient s'insérer – seule partie du roman rédigée à la troisième personne – le récit (chronologiquement

• 1912-1913 : guerre des Balkans.

• 1912 : Victor Segalen (1878-1919), *Stèles*, poésie.

Médecin de marine, auteur des *Immémoriaux* (1907) consacrés à Tahiti, il évoque dans ce recueil la Chine (où il participe à des missions archéologiques).

Paul Claudel, *L'Annonce faite à Marie*, drame.

Après *Le Partage de midi* (1906), drame à substrat autobiographique d'une crise passionnelle, et *L'Otage* (1911) premier volet de la trilogie des Coûfontaine avec *Le Pain dur* (1918) et *Le Père humilié* (1920), *L'Annonce* est le drame le plus lyrique et le plus sacré de Claudel.

• 1913 : Maurice Barrès (1862-1923), *La Colline inspirée*, récit.

Le texte le plus célèbre de l'auteur qui, après avoir exalté le « culte du moi », enracine son nationalisme dans le terroir lorrain (la colline de Sion) et le mysticisme catholique.

Marcel Proust entreprend la publication *d'À la recherche du temps perdu** avec I. *Du côté de chez Swann*.

Alain Fournier (1886-1914), *Le Grand Meaulnes*, roman.

Unique roman de l'auteur tué au combat en septembre 1914 : l'évocation poétique, de tonalité nervalienne, d'« un amour entrevu » en Sologne.

Guillaume Apollinaire (1880-1918), *Alcools*, poésie*.

Rassemblant des poèmes composés entre 1898 et 1913 – dont « La Chanson du mal-aimé » écrite en 1903 à la suite du refus d'Annie Playden d'épouser le poète – le recueil, exemple même de la poésie moderne, mêle tous les tons et toutes les sources d'inspiration. Réformé en raison d'une blessure à la tête, Apollinaire compose un « drame surréaliste », *Les Mamelles de Tirésias*, sur le thème de la repopulation. En 1918 paraît *Calligrammes*. Écrits entre octobre 1914 et septembre 1915 pour la coquette Louise de Coligny-Châtillon, les *Poèmes à Lou* ne seront publiés qu'en 1955 dans leur version intégrale.

Blaise Cendrars (1887-1961), *La Prose du Transsibérien et de la Petite Jehanne de France*, poésie*.

Présenté sous la forme d'un dépliant illustré par Sonia Delaunay, le poème est un hymne à la vie moderne, tour à tour lyrique et impatient. L'un des grands chocs poétiques de ce début de siècle. Après la première guerre mondiale, où il perdit un bras, Cendrars se tourne vers le roman, où il transporte ses propres expériences (*L'Or*, 1925 ; *Moravagine*, 1926).

antérieur à la naissance du narrateur) de la passion de Swann pour Odette de Crécy.

À l'ombre des jeunes filles en fleurs (1918)

Dans le salon de Swann et d'Odette, qui se sont mariés, le narrateur rencontre l'écrivain Bergotte et, au théâtre, la comédienne Berma qu'il admire après une phase de déception. Il s'éprend de Gilberte, la fille de Swann : première grande jalousie, rupture.

Au grand Hôtel de Balbec, sur la côte normande, il fait la connaissance de Mme de Villeparisis, de son neveu Robert de Saint-Loup, de son oncle étrange, le baron de Charlus. Sur la plage, du groupe des « jeunes filles », il distingue Albertine Simonet.

Le Côté de Guermantes (1920-1921)

C'est la lente introduction dans le salon de la duchesse de Guermantes, le saint des saints aristocratiques du Faubourg Saint-Germain, admirable de loin, insignifiant de près. Survient la mort de la grand-mère du narrateur, qui affecte celui-ci mais pas aussi durablement qu'il le croyait. Débute sa liaison avec Albertine.

Sodome et Gomorrhe (1921-1922)

Longue description et analyse de l'homosexualité du baron de Charlus. L'affaire Dreyfus divise les invités du salon de Guermantes. Chez les Verdurin règnent snobisme et ridicule. Charlus y introduit un jeune musicien. De retour à Balbec, le narrateur soupçonne Albertine d'être lesbienne : tortures de la jalousie et de la passion.

La Prisonnière (1922)

À Paris, le narrateur a réussi à convaincre Albertine de mener vie commune. En proie aux « feux tournants de la jalousie », celui-ci passe par des phases alternées de sérénité et de folles souffrances. La cohabitation vire à la surveillance, puis à l'emprisonnement et au cauchemar. Le seul apaisement vient de l'écoute du septuor de Vinteuil un soir chez les Verdurin.

Albertine disparue (ou *La Fugitive*, 1925)

Un matin, le narrateur découvre qu'Albertine l'a quitté. Bientôt lui parvient la nouvelle de sa mort accidentelle. Analyse rétrospective de ses souffrances, voyages, découverte de Venise, deuil de sa passion : est-ce bien lui qui a aimé Albertine ?

• **1914** : assassinat de Jaurès ; début de la première guerre mondiale.

• 1916 : bataille de Verdun ; Einstein formule sa théorie de la gravitation et de la relativité généralisée.

• **1917** : révolution russe ; entrée des États-Unis dans la guerre.

• 1918 : armistice du 11 novembre, mettant fin à la première guerre mondiale.

• **1919 :** signature du traité de Versailles ; l'Alsace et la Lorraine redeviennent françaises.

• 1920 : congrès de Tours : création du Parti communiste français.

• 1914 : André Gide, *Les Caves du Vatican*, « sotie ».

En 1895, l'histoire d'une escroquerie montée autour d'un faux projet d'enlèvement du pape, et comportant le célèbre épisode du meurtre gratuit commis par le jeune Lafcadio.

• 1916 : Henri Barbusse (1873-1935), *Le Feu*, roman.

Le premier grand roman – prix Goncourt 1917 – sur la guerre des tranchées, sous la forme du « journal » d'une escouade.

Création du mouvement « Dada » à Zurich.

• 1917 : Max Jacob (1876-1944), *Le Cornet à dés*, poésie.

Recueil de poèmes en prose pleins de fantaisie et d'inventions verbales. *Le Laboratoire central* (1921), tout aussi original, se fait l'écho de préoccupations spirituelles. Cet ami des poètes et des peintres avant-gardistes meurt interné au camp de Drancy en 1944.

Paul Valéry (1871-1945), *La Jeune Parque*, poésie*.

La publication de ce long poème vaut à son auteur une célébrité immédiate. « Faire un chant prolongé, sans action, rien que l'incohérence aux confins du sommeil ; y mettre autant d'intellectualité que j'ai pu le faire et que la poésie en peut admettre sous ses voiles ; sauver l'abstraction prochaine par la musique ou la racheter par des visions », tel est le projet de l'auteur, vite enrôlé sous la bannière de la « poésie pure ».

• 1918 : Marcel Proust, *À la recherche du temps perdu*, II : *À l'ombre des jeunes filles en fleurs* (prix Goncourt, 1919).

Tristan Tzara (1896-1963), *Manifeste dada* (essai).

• 1919 : André Breton (1896-1966), Philippe Soupault (1897-1990) et Louis Aragon (1897-1982) fondent la revue *Littérature* (→ 1924), qui annonce le surréalisme.

A. Gide, *La Symphonie pastorale*, roman.

Selon l'expression de l'auteur, la critique d'une « forme de mensonge à soi-même ».

R. Dorgelès (1885-1975), *Les Croix de bois*, roman. L'un des grands récits sur la guerre de 1914.

• 1920 : A. Breton et P. Soupault, *Les Champs magnétiques*, poésie.

Première expérience (réalisée en 1919), à « quatre mains », de l'écriture automatique, par l'exploration des états incertains de la conscience.

Le Temps retrouvé (1927)

Éclate la guerre. Un monde se dissout et s'écroule. Mélange d'arrivisme et de décadence, le mariage de Gilberte et de Saint-Loup réunit les deux côtés de jadis. Sur fond de catastrophe, les usages mondains révèlent leur insignifiante vanité. Les Verdurin campent sur un patriotisme bavard. Charlus, qui se fait fouetter par un giletier dans un sinistre hôtel, proclame sa germanophilie. Saint-Loup meurt au combat. Comme il se rend à une matinée chez la princesse de Guermantes, le narrateur est saisi d'une certitude, à la suite de trois événements d'apparence très anodine : comme jadis la madeleine, le trébuchement sur des pavés inégaux, le bruit d'une cuillère, le frottement d'une serviette empesée provoquent la résurgence d'un passé intact, qu'il croyait révolu, mais qui n'était qu'enfoui, prêt à réapparaître dans toute son authenticité. Le narrateur décide alors de fixer ces moments dans et par récriture pour retrouver le « temps perdu ».

Le chemin qui, de l'enfance à l'âge adulte, conduit le narrateur à l'écriture constitue le fil directeur de cette suite romanesque. C'est la découverte, lente, progressive, que l'art, seul, triomphe du temps. Alors que le temps désagrège et emporte tout, des impressions du passé subsistent en nous, prêtes à ressurgir chaque fois qu'une sensation présente rappelle à notre mémoire affective une sensation autrefois éprouvée. Il est donc possible de vivre dans deux instants distincts, d'accéder à des moments d'éternité. Pour arracher au hasard leur apparition, il revient à l'esprit de fouiller dans tout ce qui s'est déposé dans la conscience et d'en opérer la transmutation artistique, seule capable de retrouver, et de communiquer à autrui cette espérance et cette vérité. Rien n'est donc inutile, pas même le plus petit « détail » : c'est la gangue dont il conviendra d'extraire le précieux « minerai » ; chaque expérience est comme une préparation. D'où l'importance de la musique et de la peinture (la célèbre *Vue de Delft* de Vermeer), aptes à ressusciter les souvenirs de cette « réalité loin de laquelle nous vivons » et qui est « la vraie vie, la vie enfin découverte et éclaircie ». L'écriture, quant à elle, devient autant un travail de description, de saisie extensive du monde que d'approfondissement, de densification pour mieux appréhender ce que le présent peut entretenir de relations avec notre mémoire affective (et tout naturellement traduites par la métaphore).

À la recherche du temps perdu forme ainsi, de section en section, une vaste unité, close et presque mystique, à l'image d'une « cathédrale », du portail de Combray au « chœur » final de l'illumination.

Marcel Proust, *À la recherche du temps perdu*, III : *Le Côté de Guermantes*.

P. Valéry, *Album de vers anciens*, poésie.

Recueil de poèmes parus pour la plupart dans des revues symbolistes.

Colette (1873-1954), *Chéri*, roman.

Le désarroi d'une femme mûre délaissée par son jeune amant : l'un des romans les plus célèbres de l'auteur, et une œuvre-pivot dans sa carrière et sa vie. Après avoir décrit dans *La Maison de Claudine* (1922, éd. déf.) son enfance bourguignonne, Colette poursuit en collaboration avec Willy, son premier mari, la série des *Claudine*. Divorcée, elle évoque sa vie de music-hall et son homosexualité dans *La Vagabonde* (1910) et *L'Entrave* (1913). Remariée, elle dépeint les émotions et les désarrois de la passion dans *Le Blé en herbe* (1923), *La Seconde* (1929), *Duo* (1934). Avec *La Naissance du jour* (1928), c'est l'accession à une forme de sagesse. Une prose vive, colorée, pleine de senteurs, de bêtes et de plantes.

• 1921 : M. Proust, *À la recherche du temps perdu*, IV : *Sodome et Gomorrhe*.

Paul-Jean Toulet (1867-1920), *Les Contrerimes*, poésie (éd. posthume).

Un délicieux et subtil jeu verbal, la « contrerime » se constituant de plusieurs quatrains, combinant des mètres alternés (8/6/8/6) et des rimes embrassées, faisant ainsi rimer les vers à « contre-longueur » (le grand avec le petit). Parmi les 305 poèmes, le plus célèbre est « Dans Arles, où sont les Aliscams ».

• **1922** : marche sur Rome et accession de Mussolini au pouvoir.

• 1922 : Roger Martin du Gard (1881-1958), *Les Thibault* (1922-1940), cycle romanesque.

Une vaste fresque historique à travers une chronique familiale, comportant huit livres : *Le Cahier gris* (1922), *Le Pénitencier* (1922), *La Belle saison* (1923), *La Consultation* (1928), *La Sorellina* (1928), *La Mort du Père* (1929), *L'Été 1914* (1936), *Épilogue* (1940).

Prix Nobel de littérature en 1937.

M. Proust, *À la recherche du temps perdu*, V : *La Prisonnière*.

P. Valéry, *Charmes*, poésie.

Vingt et un poèmes, à la fois chants et « incantations magiques » dont les plus célèbres sont : « Les Pas », « Fragments du Narcisse », « Le Cimetière marin ».

Le roman est aussi une vaste enquête psychologique sur la passion. Après Stendhal, Proust analyse la « cristallisation » : pure illusion et création de l'esprit, l'amour meurt dans la décristallisation et le désenchantement. L'être est soumis aux « intermittences du cœur ». La description des salons – aristocratique chez les Guermantes ; bourgeois chez les Verdurin – fait également du récit un roman de mœurs, tableau de la société française de la « belle époque », plein de lucidité, de « réalisme » et de précision, d'où l'humour n'est jamais exclu. Proust est aussi l'un de nos plus grands auteurs comiques.

Paul Valéry (cf. 1917, 1922, 1924)

Si diverse soit-elle, l'œuvre de Valéry trouve sa cohérence dans l'effort permanent de saisir les secrets de l'activité intellectuelle.

Son premier essai, *Introduction à la méthode de Léonard de Vinci* (1896), étudie les démarches de l'intelligence dont Léonard de Vinci est le symbole. Inauguré par *La Soirée de Monsieur Teste* (1896) puis complété par neuf autres textes rédigés jusqu'en 1929, le « cycle Teste » (éd. déf. 1946) est une sorte de roman de l'esprit, dont le héros, toujours maître de sa pensée et de son langage, observe le monde avec une lucidité terrifiant. *Variété* (I-V, de 1924 à 1944) regroupe des « études ou des écrits de circonstance ». Reprise dans *Variété I, La Crise de l'Esprit* (1919) analyse la situation de l'Occident après la première guerre mondiale (« Nous autres, civilisations, savons maintenant que nous sommes mortelles »). *Regards sur le monde actuel* (1931-1945) poursuit cette réflexion à la lumière des événements contemporains.

L'œuvre poétique obéit à la même exigence de lucidité. À l'inspiration enthousiaste de type romantique, Valéry oppose la création consciente, fruit de la patience et du travail. Si le poète est en « attente » – d'une émotion, d'un mot, voire d'un sujet –, il lui faut ensuite user de toutes les ressources du langage pour traduire et développer ce qu'il a ressenti. D'où l'acceptation de toutes les contraintes « classiques » de l'écriture, qui en constituent à la fois le contrôle et la richesse. Disciple de Mallarmé, Valéry défend la conception d'un art difficile d'accès – non par un hermétisme de principe mais parce que l'obscurité vient autant du poème que du lecteur – qui le découvre selon son niveau d'initiation. Aucun poème ne possède, dans ces conditions, de sens définitif et unique. Il est une « fête » toujours renouvelée de l'« intellect ». La poésie valéryenne n'est pas pour autant abstraite et desséchée. Musicale, suggestive, souvent sensorielle, elle suscite autant l'émotion qu'elle stimule l'esprit, comme l'attestent les

• 1925 : conférence et traité de Locarno.

• 1923 : Raymon Radiguet (1903-1923), *Le Diable au corps*, roman.

Ce premier roman sur le désir dans le contexte de l'après-guerre confère à son auteur mort à vingt ans de la typhoïde une immédiate célébrité. Suit *Le Bal du comte d'Orgel* (1924), pastiche modernisé de *La Princesse de Clèves.*

Jules Romains (1885-1972), *Knock*, comédie satirique sur le monde médical.

• 1924 : A. Breton, (Premier) *Manifeste du surréalisme*, essai*.

Saint-John Perse, *Anabase*, poésie.

Un inventaire solennel et liturgique du monde.

P. Valéry, *Variété*, essai.

Réflexions diverses et « regards sur le monde actuel ». Le dernier des cinq volumes paraît en 1944.

• 1925 : M. Proust, *À la recherche du temps perdu*, VI : *Albertine disparue*.

B. Cendrars, *L'Or*, roman.

A. Gide, *Les Faux Monnayeurs*, roman.

Une illustration emblématique de la mise en abyme et « fausses monnaies » en tous genres.

• 1926 : Louis Aragon (1897-1982), *Le Paysan de Paris*, roman-poème où le désir transfigure le réel. Georges Bernanos (1888-1948), *Sous le soleil de Satan*, roman.

Toute l'œuvre de ce pamphlétaire acerbe est marquée par la lutte du Bien et du Mal dont l'homme est le champ clos. Suivront *La Joie* (1929), *Le Journal d'un curé de campagne* (1936), *La Nouvelle Histoire de Mouchette* (1937), *Monsieur Ouine* (1946) et, au théâtre, le *Dialogue des carmélites* (1949, posth.).

Paul Éluard (1895-1952), *Capitale de la douleur*, poésie.

De son vrai nom Paul-Eugène Grindel, Éluard participe avec passion au mouvement surréaliste. De cette époque datent ses recueils les plus importants : *L'Amour, la Poésie* (1929), *La Vie immédiate* (1932). Militant communiste, il s'engage dans la Résistance et publie en 1942 *Poésie et vérité* (qui contient le célèbre poème « Liberté »).

• 1927 : M. Proust, *À la recherche du temps perdu*, VII : *Le Temps retrouvé*.

réussites les plus connues de Valéry ; outre « La Jeune Parque », « Les Pas », « Le Cimetière marin » ou « Les Grenades », « Le Cantique des colonnes ».

Le surréalisme (cf. 1924, 1926, 1928, 1929, 1932)

Le surréalisme n'est pas exclusivement littéraire. Il touche toutes les formes d'expression artistique : la musique avec Erik Satie (1866-1925) ; la peinture avec Max Ernst (1891-1976), Salvador Dali (1904-1989), Francis Picabia (1879-1953), et la publication en 1928 par Breton du *Surréalisme et la Peinture* ; le cinéma, avec *Un chien andalou* (1928) ou *L'Âge d'or* (1930) de Luis Buñuel. Le surréalisme se veut d'abord scientifique. Instruisant le procès du rationalisme – trop utilitaire, répressif et superficiel –, s'appuyant sur les découvertes de Freud concernant l'inconscient, il entend explorer les fonctions de l'esprit.

> « Surréalisme, n.m. Automatisme psychique pur par lequel on se propose d'exprimer soit verbalement soit par écrit, soit de toute autre manière, le fonctionnement réel de la pensée. Dictée de la pensée, en l'absence de tout contrôle exercé par la raison, en dehors de toute préoccupation esthétique ou morale. »
>
> Premier *Manifeste*, 1924.

D'où les expériences menées au sein du « Bureau de recherches surréalistes » (fondé en 1924), la pratique de l'« écriture automatique », les comptes rendus de rêves (*Clair de terre* de Breton, *Corps et biens* de Desnos) : toujours il s'agit d'être au plus près du fonctionnement psychique de la pensée. Seule sa libération permet l'épanouissement de l'individu, sa réconciliation avec lui-même et avec le monde. C'est que le surréalisme postule l'identité complète entre les mouvements de la vie psychique et les « lois » du monde extérieur : les uns s'épanchent dans les autres ; et celles-ci communiquent avec ceux-là. Le surréel n'est donc pas un ailleurs, un au-delà mystique : il est le réel regardé, vécu dans l'harmonie la plus complète possible avec les forces, libérées, de l'inconscient et de l'imaginaire, pour peu que l'on accepte de laisser s'instaurer cette communication entre l'extérieur et l'inconscient.

De là l'importance de l'amour. Parce qu'il est la forme du désir et qu'il érotise le réel, l'attente ou le souvenir de la femme aimée se projette sur le monde, qui est ainsi vu à travers le désir : « Il ne manquait qu'un grand iris de feu partout autour de moi pour donner du prix à ce qui existe » (Breton, *L'Amour fou*, 1937). Entre l'homme et la nature, entre le rêve et le réel, entre le passé et le futur, entre l'éphémère et l'absolu, la femme devient le lieu de toutes les correspondances. De là, aussi, le thème de l'errance, la poursuite de l'insolite,

• 1929 : krach de Wall Street ; crise économique mondiale.

F. Mauriac (1885-1970), *Thérèse Desqueyroux*, roman.

Le premier grand roman de cet auteur catholique où, comme souvent dans ses autres œuvres, Bordeaux et les Landes servent de cadre à la « misère de l'homme » écartelé entre le péché et la grâce. Suivront notamment *Le Nœud de Vipères* (1932) et *La Fin de la nuit* (1935).

Prix Nobel de littérature (1952), journaliste et polémiste redoutable dans son *Bloc-Notes*, au service du général de Gaulle.

Jean Cocteau (1889-1963), *Orphée*, théâtre.

Auteur de recueils poétiques (*Plain-Chant*, 1923 ; *Opéra*, 1930), il compose avec *Orphée* un drame onirique. Suivront *Antigone* (1928), *La Machine infernale* (1934), centrés autour du mythe d'Œdipe, puis le drame plus bourgeois des *Parents terribles* (1938).

• 1928 : A. Breton, *Nadja*, récit autobiographique.

La rencontre de Nadja, douée de voyance, avant que celle-ci sombre dans la folie et qu'elle laisse le poète désorienté : « Qui suis-je ? ».

A. Malraux (1901-1976), *Les Conquérants*, roman.

Après *La Tentation de l'Occident* (1926), une analyse de la crise morale de l'Europe, l'histoire d'un européen cherchant dans le combat révolutionnaire chinois un sens à sa vie.

• 1929 : Paul Claudel, *Le Soulier de satin*, drame.

Une pièce imposante, épique, bouffonne, lyrique, ayant pour cadre d'Espagne du XVIe siècle et au-delà le monde entier, dans laquelle l'insatiable Rodrigue finit par renoncer au monde pour accéder à la sainteté.

Jean Cocteau, *Les Enfants terribles*, roman.

Marcel Pagnol (1895-1974), *Marius*, théâtre.

Après le succès de *Topaze* (1928), le début de la trilogie marseillaise complétée par *Fanny* (1929) et *César* (1931).

Jean Giraudoux (1882-1944), *Amphitryon 38*, théâtre.

Après l'adaptation au théâtre de son roman *Siegfried et le Limousin*, le début de la carrière du dramaturge.

• 1931 : proclamation de la république en Espagne.

A. Breton, *Second Manifeste du surréalisme*, essai.

• 1932 : A. Breton, *Les Vases communicants*, essai. Jules Romains, *Les Hommes de bonne volonté*, « roman-fleuve » (→ 1942).

l'abandon aux mille surprises du « hasard objectif » (coïncidence des causes extérieures et des élans de nos pulsions). Le merveilleux est alors à portée de main, notamment dans la contemplation des monuments : comment les regarder autrement qu'à travers l'imaginaire qu'ils suscitent (La tour Saint-Jacques à Paris, et Nicolas Flamel ; la description de la ville dans *Le Paysan de Paris* d'Aragon) ? L'activité poétique devient dès lors à la portée de tous : elle est d'abord une manière d'être et de vivre, comme le fait Nadja.

Si Breton, pourtant méfiant à l'égard de la littérature, voit dans la poésie l'un des actes par excellence du surréalisme, c'est qu'il l'identifie à la production d'images :

> « L'image est une création pure de l'esprit. Elle ne peut naître d'une comparaison, mais du rapprochement de deux réalités éloignées. Plus les rapports des deux réalités rapprochées seront lointains et justes, plus l'image sera forte – plus elle aura de puissance émotive. »
>
> Premier *Manifeste*.

Aragon, dans *Le Roman de Paris*, écrit d'ailleurs : « Le vice appelé Surréalisme est l'emploi déréglé et passionnel du stupéfiant-image. » Dans l'entrechoc des mots, l'abandon de la syntaxe et de la logique, l'intensité du « court-circuit » produit, outre l'émotion, la « beauté », « convulsive » et « explosante fixe » (A. Breton, *L'Amour fou*).

De débats en divergences (notamment politiques, dans la définition des rapports du surréalisme avec le communisme), de ruptures en anathèmes, le groupe des surréalistes n'a cessé d'être divers et mouvant : Éluard, Aragon, Desnos, Soupault s'en éloigneront pour des raisons d'ailleurs différentes. Reste qu'aucun d'eux n'a nié l'apport considérable du surréalisme : libérer les mots, les images pour libérer la pensée.

En 27 volumes, l'histoire de la société française de 1908 à 1933.

Céline (Louis-Ferdinand Destouches de son vrai nom), *Voyage au bout de la nuit*, roman.

Ce premier roman – les aventures de Bardamu dans une saisissante langue parlée – vaut à son auteur le prix Renaudot. Suivent *Mort à crédit* (1936), *Bagatelles pour un massacre* (1937). Collaborateur, antisémite jusqu'au délire haineux : autant l'homme suscite la répulsion, autant l'œuvre s'impose par son style populaire, oral, mais savamment rythmé.

• **1933** : accession d'Hitler au pouvoir.
• 1934 : émeute en France le 6 février ; attaque de l'Éthiopie par l'Italie de Mussolini.
• **1936** : victoire du Front populaire ; accords de Matignon ; début de la guerre civile en Espagne (→1939).

• 1938 : Anschluss : annexion de l'Autriche par l'Allemagne ; accords de Munich.

• **1939** : début de la seconde guerre mondiale (3 sept.).

• 1933 : A. Malraux, *La Condition humaine*, roman (prix Goncourt).

• 1934 : René Char (1907-1988), *Le Marteau sans maître*, poésie.
Jean Giono (1895-1970), *Le Chant du monde*, roman.
H. de Montherlant (1896-1972), *Les Célibataires*, roman.

• 1935 : J. Giraudoux, *La guerre de Troie n'aura pas lieu*, théâtre.

• 1937 : A. Breton, *L'Amour fou*, poésie.
J. Giraudoux, *Électre*, théâtre.
A. Malraux, *L'Espoir*, roman.
H. Michaux (1899-1984), *Plume* précédé de *Lointain intérieur*, poésie.

• 1938 : A. Artaud, *Le Théâtre et son double*, essai.
J. Audiberti (1899-1965), *Abraxas*, roman.
J.-P. Sartre (1905-1980), *La Nausée*, roman.

• 1939 : A. Camus (1913-1960), *Noces*, prose poétique.
J. Giraudoux, *Ondine*, théâtre.
J.-P. Sartre, *Le Mur*, nouvelle.
M. Leiris (1901-1990), *L'Âge d'homme*, récit.
N. Sarraute (1902-1999), *Tropismes*, récit.

• 1942 : création des Éditions de Minuit pour publier les auteurs de la Résistance.
L. Aragon, *Le Crève-cœur*, poésie.
P. Valéry, *Tel Quel*, essai.
L. Aragon, *Les Voyageurs de l'Impériale*, roman.
A. Camus, *L'Étranger*, roman ; *Le Mythe de Sisyphe*, essai.

La révolution dramaturgique des années 1950

« Anti-théâtre », « théâtre d'avant-garde », « théâtre de l'absurde » : au tournant des années 1950 apparaît un nouveau théâtre – dont les prémices remontent plus haut dans le temps. Sous le titre « De l'inutilité du théâtre au théâtre », Jarry signait en 1896 un article dans lequel il appelait à la disparition de « quelques objets notoirement horribles et incompréhensibles qui encombrent la scène sans utilité, en premier lieu le décor et les acteurs ». « Drame surréaliste », *Les Mamelles de Tirésias* d'Apollinaire (première, le 24 juin 1917) faisaient du dramaturge un démiurge absolu, réorganisant à sa guise le temps, l'espace, les choses et les êtres. Les théories et articles d'Antonin Artaud (cf. *Le Théâtre et son double)* prônaient « un spectacle total où le théâtre saura reprendre au cinéma, au music-hall, au cirque et à la vie même ce qui de tout temps lui aura appartenu », un « théâtre de la cruauté » comme expérience ontologique. L'influence de Brecht, de son « théâtre épique » et de sa pratique de la « distanciation », fut enfin décisive dans les années 1955-1962.

Se met ainsi en place une dramaturgie éclatée, qui remet radicalement en cause la conception aristotélicienne de la *mimésis*.

La « crise du sujet » se manifeste dans la disparition de la « fable » : quelle est l'intrigue d'*En attendant Godot* ? De *La Cantatrice chauve* ou des *Chaises* de Ionesco ? Raconter, c'est en effet croire à un sens, postuler un improbable consensus social idéologique. Et que raconter, qui rivalise avec la complexité du réel ? C'est enfin admettre la fiabilité du langage, laquelle, avec les progrès de la linguistique et de la sémiologie, apparaît de plus en plus problématique.

Cette ruine de la « fable » est inséparable de la crise du personnage. Ni la notion de rôle ni celle de caractère ne sauraient définir cet « être de papier », qui ne préexiste ni ne survit au texte. « Que faire maintenant, s'interrogeait Brecht, puisque dans la vie réelle l'individu disparaît de plus en plus en tant que tel, en tant qu'individu indivisible, inéchangeable ? » Comme son frère romanesque, le personnage de théâtre s'est progressivement vu dépouiller de ses attributs fondamentaux pour se réduire à une fonction (Le logicien dans *Rhinocéros)*, à un surnom (Gogo dans *En attendant Godot*), a un vague pronom (« Elle » et « lui » dans *Délire à deux* à Ionesco), voire à des initiales (« F » et « L ») dans *Une Chèvre sur un nuage*, d'Arrabal (1953).

Le temps et l'espace se dérèglent. Effet de la conscience et de la mémoire, le temps, depuis Bergson et Proust, est devenu une notion évanescente, qui a perdu son caractère « objectif ». Rupture de la chronologie, retours en arrière ou

H. de Montherlant, *La Reine morte*, théâtre.
F. Ponge (1899-1988), *Le Parti pris des choses*, poésie.
Vercors (pseud. de Jean Bruller, 1902-1991), *Le Silence de la mer*, roman.

• 1943 : M. Aymé (1902-1967), *Le Passe-muraille*, contes.
J.-P. Sartre, *Les Mouches*, théâtre ; *L'Être et le Néant*, essai philosophique.
Antoine de Saint-Exupéry (1900-1944), *Le Petit Prince*, conte.
Elsa Triolet (1896-1970), *Le premier accroc coûte deux cents francs*, nouvelles (prix Goncourt, 1945).

• 1944 : débarquement allié en Normandie.

• 1944 : Jean Anouilh (1910-1987), *Antigone*, théâtre. L. Aragon, *Aurélien*, roman. Saint-John Perse, *Exil*, poésie. J.-P. Sartre, *Huis clos*, théâtre.

• **1945** : conférence de Yalta ; bombes atomiques sur Hiroshima et Nagasaki ; fin de la seconde guerre mondiale.

• 1945 : J.-P. Sartre, *Les Chemins de la liberté* : *L'Âge de raison* ; *Le Sursis*.
Fondation de la revue *Les Temps modernes*.

• **1946** : démission du général de Gaulle ; naissance de la IVe République ; début de la guerre d'Indochine.

• 1946 : R. Char, *Feuillets d'Hypnos*, poésie. Jacques Prévert (1900-1977), *Paroles*, poésie. Saint-John Perse, *Vents*, poésie.

• 1947 : A. Camus, *La Peste*, roman.
Jean Genet (1910-1986), *Les Bonnes*, théâtre.
J.-P. Sartre, *Qu'est-ce que la littérature ?*, essai.
Boris Vian (1920-1959), *L'Écume des jours*, roman.
A. Gide, prix Nobel de littérature.

• 1948 : naissance de l'État d'Israël ; déclaration universelle des droits de l'homme à l'ONU.

• 1948 : R. Char, *Fureur et Mystère*, poésie.
N. Sarraute, *Portrait d'un inconnu*, roman.
J.-P. Sartre, *Les Mains sales*, théâtre.
F. Ponge, *Proêmes*, poésie.

• 1949 : naissance de la république populaire de Chine.

• 1949 : S. de Beauvoir, *Le Deuxième Sexe*, essai.
G. Bernanos, *Le Dialogue des carmélites*, théâtre (posthume).
A. Camus, *Les Justes*, théâtre.
E.-M. Cioran (1911-1995), *Précis de décomposition*, essai.

• 1950 : Marguerite Duras (1914-1996), *Un barrage contre le Pacifique*, roman.

anticipations, structure cyclique, voire recours à l'onirisme : autant de moyens brisant le dynamisme vectoriel du temps. L'acte II d'*En attendant Godot* reprend, par exemple, en partie l'acte I, et la fin de la pièce renvoie au début. De surimpression géographique en démultiplication, l'espace éclate de même. La banalité renvoie à l'indéfini ; l'ubiquité, à partout et à nulle part. Les techniques audiovisuelles peuvent aussi favoriser la démultiplication des lieux.

Le langage s'effondre : par automatisme, par dérision, par association des mots en raison même de leur incompatibilité, par des dialogues volontairement « à côté » de la situation, par des faux dialogues. Adamov (dans *La Parodie)*, Ionesco, Beckett ou Tardieu ont tous campé des « personnages » qui, angoissés à l'idée que s'instaure le silence et meure la communication, parlent pour ne rien dire, sinon pour dire cette peur secrète.

Dépossédé, désarticulé, parfois mutilé, le « personnage » n'a plus que son corps, lieu même de l'étrangeté et de la violence, ou de l'énigme.

En l'absence de toute illusion réaliste, le lecteur-spectateur doit saisir la tresse des fils, soupeser le « montage » pour construire un sens : le malaise d'une conscience sans point de repère, les traumatismes de souvenirs apocalyptiques, l'impossibilité de comprendre et de se comprendre. Dans *Fin de partie* de Beckett, Clov réplique à Hamm : « J'emploie les mots que tu m'as appris ; s'ils ne veulent plus rien dire, apprends-m'en d'autres. Ou laisse-moi me taire. »

La notion de genre disparaît. Déjà Sartre intitulait *Huis clos* « pièce en un acte », et Anouilh classait ses œuvres en pièces « roses », « noires » ou « grinçantes ». Ionesco va encore plus loin : *La Cantatrice chauve* est une « antipièce » ; *Les Chaises* sont une « farce tragique ». *En attendant Godot*, *Fin de partie* ne sont plus génériquement qualifiées. Devenu « classique », cet « antithéâtre » signe la mort définitive de la *mimésis*.

• 1950-1953 : guerre de Corée.

• 1954 : chute de Diên Biên Phu ; accords de Genève sur un armistice en Indochine ; début de la guerre d'Algérie.
• 1956 : crise de Suez ; intervention de l'armée soviétique en Hongrie.

• **1957** : traité de Rome créant la Communauté économique européenne.

• **1958** : crise du 13 mai ; retour du général de Gaulle au pouvoir ; début de la Vᵉ République.
• 1961 : premier vol spatial habité (Gagarine) ; construction du mur de Berlin ; début de la guerre du Vietnam (→1973).
• 1962 : accords d'Évian mettant fin à la guerre d'Algérie ; début du concile Vatican II.
• 1963 : assassinat de Kennedy.

Eugène Ionesco (1912-1994), *La Cantatrice chauve*, théâtre.
Roger Nimier, *Le Hussard bleu*, roman.

• 1951 : A. Camus, *L'Homme révolté*, essai.
Julien Gracq (né en 1910), *Le Rivage des Syrtes*, roman.
A. Malraux, *Les Voix du silence*, essai.
J.-P. Sartre, *Le Diable et le Bon Dieu*, théâtre.
Jean Tardieu (1903-1995), *Un mot pour un autre*, théâtre.
Marguerite Yourcenar (1903-1987), *Mémoires d'Hadrien*, roman.
Jean Vilar (1913-1971) crée le Théâtre national populaire (TNP).

• 1952 : Samuel Beckett (1906-1989), *En attendant Godot*, théâtre.
E. Ionesco, *Les Chaises*, théâtre.
François Mauriac, prix Nobel de littérature.

• 1953 : Roland Barthes (1915-1980), *Le Degré zéro de l'écriture*, essai.
Yves Bonnefoy (né en 1923), *Du mouvement et de l'immobilité de Douve*, poésie.
Alain Robbe-Grillet (1922-2008), *Les Gommes*, roman.

• 1954 : Michel Butor (né en 1926), *Passage de Milan*, roman.
Françoise Sagan (1935-2004), *Bonjour tristesse*, roman.

• 1955 : Claude Lévi-Strauss (né en 1908), *Tristes tropiques*, essai.

• 1956 : L. Aragon, *Le Roman inachevé*, poésie.
M. Butor, *L'Emploi du temps*, roman.
A. Camus, *La Chute*, récit.
J. Genet, *Le Balcon*, théâtre.
N. Sarraute, *L'Ère du soupçon*, essai.

• 1957 : S. Beckett, *Fin de partie*, théâtre.
M. Butor, *La Modification*, roman.
A. Robbe-Grillet, *La Jalousie*, roman.
Saint-John Perse, *Amers*, poésie.
A. Camus, prix Nobel de littérature.

Le « retour du tragique »

La montée des périls suscite au théâtre une réactivation des mythes antiques, dont Jean Cocteau a été l'un des initiateurs. Si son *Orphée* (1927) est une méditation sur la destinée du poète, *La Machine infernale* (1934) est une réflexion sur le destin. Oreste revit dans l'*Électre* de Giraudoux (1937) et *Les Mouches* de Sartre (1944) ; Hector, Hélène, Pâris dans *La guerre de Troie n'aura pas lieu* (1935) ; la fille d'Œdipe dans l'*Antigone* d'Anouilh (1944). Laïcisés, désacralisés, parfois tournés en dérision, ces mythes sont modernisés au prix de nombreux anachronismes volontaires. Sur le fond, ils concentrent les angoisses collectives et renouvellent les interrogations sur la condition humaine.

Théâtre et engagement

Écho de l'histoire, le théâtre prend position dans les conflits idéologiques et les débats philosophiques. Le théâtre de Sartre est inséparable de l'existentialisme : l'existence ne se déduit ni ne se démontre. En « situation » même malgré lui, l'homme n'a d'autre possibilité que de construire sa liberté et de construire une réponse qui l'engage et sur laquelle il accepte par avance d'être jugé par les autres. Éphémère, relative, la morale devient une création de chaque instant : « Mon acte, c'est ma liberté », proclame Oreste dans *Les Mouches*.

Camus se sert lui aussi de la scène comme d'une tribune philosophique. À l'origine est l'absurde, et cette découverte que, face à la certitude de la mort, « aucune morale, aucun effort ne sont *a priori* justifiables devant les sanglantes mathématique de notre condition ». Comment dès lors bâtir la dignité ; sur quoi fonder la justice ? C'est toute la question des *Justes* (1949).

Amorcé dès la fin du XIXe siècle, le renouveau catholique irrigue le drame contemporain. C'est le fait des dramaturges eux-mêmes croyants : Bernanos ou Mauriac (*Le Passage du Malin*, 1947). Mais d'autres dramaturges, athées ou agnostiques, interrogent également le sacré. Thierry Maulnier avec *Le Profanateur*, (1950) ; Anouilh, avec *Beckett ou l'Honneur de Dieu* (1959). Tandis que les uns s'efforcent d'imposer la vision d'un monde sans Dieu, délivré de toute transcendance mais pas de toute inquiétude, d'autres cherchent dans la référence au divin de quoi se dépasser et dépasser les malheurs du monde.

• 1964 : Transfert des cendres de J. Moulin au Panthéon (9 nov.).

• **1965** : Charles de Gaulle réélu président de la République.

• **1968** : crise sociale et étudiant en France ; fin du « printemps » de Prague.

• **1969** : démission de Charles de Gaulle ; G. Pompidou, président de la République (→1974) ; premiers pas de l'homme sur la lune.
• 1970 : mort de Charles de Gaulle.
1973 : premier choc pétrolier.
1974 : mort du président G. Pompidou (2 avril). Élection de V. Giscard d'Estaing. Mise en service de l'aéroport de Roissy. Invention de la carte à mémoire.
1975 : fin de la guerre du Vietnam.
Mort de Saint-John Perse (22 sept.).
1976 : mort du poète J.-P. Jouve (9 janvier).

• 1959 : Y. Bonnefoy, *Pierre écrite*, poésie.
J.-P. Sartre, *Les Séquestrés d'Altona*, théâtre.

• 1960 : E. Ionesco, *Rhinocéros*, théâtre.
Claude Simon (1913- 2005), *La Route des Flandres*, roman.
Saint-John Perse, prix Nobel de littérature.
Fondation de la revue *Tel Quel* par Philippe Sollers, Jean-Edern Hallier et Jean-René Huguenin.

• 1961 : J. Genet, *Les Paravents*, théâtre.

• 1962 : R. Char, *La Parole en archipel*, poésie.
E. Ionesco, *Le roi se meurt*, théâtre ; *Notes et Contre-Notes*, essai.

• 1963 : S. Beckett, *Oh ! les Beaux jours*, théâtre.
A. Robbe-Grillet, *Pour un nouveau roman*, essai.

• 1964 : R. Char, *Commune présence*, poésie.
M. Duras, *Le Ravissement de Lol V. Stein*, roman.
J.-P. Sartre, *Les Mots*, autobiographie. Sartre refuse le prix Nobel de littérature.

• 1965 : Georges Perec (1936-1982), *Les Choses*, roman.
F. Ponge, *Pour un Malherbe*, essai.

• 1966 : Michel Foucault (1926-1984), *Les Mots et les choses*, essai.

• 1968 : Patrick Modiano (né en 1945), *La Place de l'Étoile*, roman. M. Yourcenar, *L'Œuvre au noir*, roman.

• 1969 : Jean-Claude Renard (né en 1922), *La Braise et la Rivière*, poésie.
C. Simon, *La Bataille de Pharsale*, roman.

• 1970 : Pierre Emmanuel (1916-1984), *Jacob*, poésie. Michel Tournier (né en 1924), *Le Roi des Aulnes*, roman (prix Goncourt).
A. Soljenitsyne, prix Nobel de littérature.
A. Bosquet, *Cent mots pour une solitude*, poèmes.
H. Meschonnic, *Les Cinq rouleaux*, poèmes.
F. Nourrissier, *La Crève*, roman (prix Fémina).

• 1971 : Saint-John Perse, *Chant pour un équinoxe*.
P. Modiano (né en 1945), *Les Boulevards de ceinture*, roman.

Le « nouveau roman »

Forgée, semble-t-il, en 1957, l'expression « nouveau roman » désigne moins une école qu'un mouvement où les « romanciers de Minuit » (par référence à leur maison d'édition), par-delà leurs différences souvent très importantes, partagent les mêmes préoccupations esthétiques.

Les années 1950-1960 marquent leur essor avec la parution des romans d'A. Robbe-Grillet : *Les Gommes*, 1953 (prix Fénéon 1954), *Le Voyeur*, 1955 ; *La Jalousie*, 1957 ; *Dans le labyrinthe* (1959) ; de ceux de M. Butor : *Passage de Milan*, 1954 ; *L'Emploi du temps*, 1956 ; *La Modification*, 1957 ; du *Planétarium* de Nathalie Sarraute (1956) ; ou de *La Mise en scène* de Claude Ollier (1958).

Les années 1960-1970 sont celles de la théorisation (et parfois de la radicalisation). Réunissant divers articles antérieurement publiés, Robbe-Grillet publie, en 1963, *Pour un nouveau roman*, dans lequel il condamne le réalisme et l'humanisme traditionnels. M. Butor donne en 1964 ses *Essais sur le roman*, tandis que Jean Ricardou concentre ses analyses et réflexions sur les techniques narratives (*Problèmes du nouveau roman*, 1967 ; *Pour une théorie du nouveau roman*, 1978) et anime des colloques passionnés à Cerisy-la-Salle (1968 ; 1970 – actes publiés par la revue *Nouvelle Critique*). Cette même période est aussi celle du « nouveau nouveau roman », évoluant vers une « écriture textuelle » et des combinatoires de signifiants.

Sans jamais cacher leurs dettes envers des romanciers tels que Joyce, Kafka, Flaubert, Dostoïevski, Beckett (dont l'œuvre romanesque précède l'œuvre théâtrale) ou Camus, ces « nouveaux romanciers » prennent appui sur le développement et les acquis des sciences humaines. Les mêmes refus les réunissent : ceux de la notion de personnage, de l'organisation chronologique du récit, de l'intrigue, de l'univocité référentielle, de l'engagement militant, de l'« écriture artiste ». Déjà, en 1956, dans *L'Ère du soupçon*, N. Sarraute récusait toute finalité d'illusion référentielle et toute notion de psychologie.

Souvent proche de la phénoménologie, le « nouveau roman » cesse de vouloir signifier : il décrit les choses, les lieux, les êtres tels qu'ils se présentent, non tels qu'ils sont idéalement ou par essence, mais tels qu'ils sont perçus par un regard. Comme dans la « société de consommation », les objets deviennent envahissants. Par un jeu sur le mot-titre, le monde est perçu, dans *La Jalousie*, à travers les persiennes d'une fenêtre ; et c'est à travers les vitres d'un train que le « vous » de *La Modification* de M. Butor observe le paysage sur lequel s'impriment souvenirs et rêves. De fréquentes et subtiles mises en abyme structurent

Premier vol commercial du Concorde (21 janvier). Mort de R. Queneau (25 oct.) et d'A. Malraux (23 nov.).
1977 : inauguration du Centre G. Pompidou à Paris.
Mort de J. Prévert (11 avril) et de Charlie Chaplin (25 déc.).
1978 : naissance du premier bébé-éprouvette.
Carol Wojtyla devient le pape Jean-Paul II (16 oct.).
1979 : second choc pétrolier. Première élection du Parlement européen au suffrage universel. Proclamation de la République islamique d'Iran. Adoption du texte définitif sur l'interruption volontaire de grossesse (30 nov.). Début de l'intervention soviétique en Afghanistan (25 déc.).

• 1972 : E. Ionesco, *Macbett*, théâtre.
M. Duras, *India Song*, théâtre.
E.-M. Cioran (1911-1995), *De l'inconvénient d'être né*, essai.

• 1974 : P. Lainé, *La Dentellière*, roman (prix Goncourt).
J. d'Ormesson, *Au Plaisir de Dieu*, roman.

• 1975 : R. Gary-Ajar (1914-1980), *La Vie devant soi*, roman (prix Goncourt).
P. Modiano, *Villa triste*, roman.
Y. Bonnefoy, *Dans le leurre su seuil*, poèmes.

• 1976 : C. Simon, *Leçon de choses*, roman.
P. Grainville, *Les Flamboyants*, roman (prix Goncourt).
M. Deguy, *Reliefs*, poèmes.

• 1977 : M. Vinaver, *Iphijgénie-Hôtel*, théâtre.
M. Duras, *Eden-Cinéma*, théâtre.
M. Tournier, *Le Vent Paraclet*, essai.

•*1978 : Y. Bonnefoy, *Poèmes*.
P. Modiano, *Rue des boutiques obscures*, roman (prix Goncourt).
G. Perec, *La Vie mode d'emploi*, roman.
J.-C. Grumberg (né en 1939), *L'Atelier*, théâtre.
M. Vinaver, *Dissident, il va sans dire*, théâtre.

•*1979 : J. Echenoz, *Le Méridien de Greenwich*, roman.
F. Arrabal, *Le Roi de Sodome*, théâtre.

le texte. Dans *L'Emploi du temps*, Jacques Revel tient son « journal ». Selon l'art de la fugue ou comme dans la musique sérielle, le roman renferme ses variantes ou ses possibles. Dans *Degrés* de M. Butor, trois narrateurs décrivent la même heure (un cours d'histoire). Le temps devient exploration de l'espace : *La Bataille de Pharsale* de Claude Simon (1969) est un intertexte convoquant, dans un vaste kaléidoscope, Proust, la débâcle en 1940, les historiens grecs et latins. Le narrateur, dépossédé de son omniscience, perd même de sa stabilité : souvent par le biais du monologue intérieur s'effectue le passage d'un point de vue à un autre. « Aventure d'une écriture » et non plus « écriture d'une aventure » (J. Ricardou), le nouveau roman est recherche et élaboration de forme (tantôt au sens géométrique du terme, tantôt au sens du structuralisme) naissant tout entière du langage, et ne renvoyant qu'à elle.

Le « nouveau roman » a suscité de violentes polémiques : on lui a reproché d'être une « littérature de laboratoire », le fossoyeur de l'humanisme, ou d'être d'un élitisme méprisant pour le grand public réputé amateur de belles et grandes histoires. Son reflux est net après 1970. Son influence ne s'en révèle pas moins durable. D'abord, parce qu'il n'a pas disparu, comme l'atteste la publication d'œuvres comme *Les Géorgiques* de Claude Simon (1981), prix Nobel de littérature en 1985, ou les romans de Claude Ollier (cf. *L'Histoire impossible*, 1986). Ensuite, parce que même des écrivains qui se sont tenus à l'écart du « nouveau roman » ou qui sont venus plus tard à l'écriture exploitent certains de ses procédés.

7

Fin de siècle (1980-2008)

• 1980 : guerre Iran-Irak.
Intervention soviétique en Afghanistan.
M. Yourcenar, première femme élue à l'Académie française (6 mars).
Mort de J.-P. Sartre (15 avril) et suicide de R. Gary (2 déc.).

• 1980 : J.-M.-G. Le Clézio, *Désert*, roman.
D. Sallenave, *Les Portes de Gubbio*, roman.
A. Bosquet, *Poèmes un*.

• 1981 : François Mitterrand élu président de la République.
Abolition de la peine de mort (3 sept.).
Décès de G. Perec (4 mars).

• 1981 : C. Simon, *Les Géorgiques*.
R. Queneau et G. Perec, *Atlas de littérature potentielle*.

• 1982 : loi sur la décentralisation.
Guerre des Malouines entre l'Angleterre et l'Argentine (2 avril-14 juin).
Mort de L. Aragon (24 déc.).

• 1982 : N. Sarraute, *Pour un oui ou pour un non*, théâtre.

• 1983 : N. Sarraute, *Enfance*, roman.
A. Ernaux, *La Place*, roman.
B.-M. Koltès, *Combat de nègre et de chiens*, théâtre.
J. Echenoz, *Cherokee*, roman (prix Médicis).

• 1984 : Début des transmissions de Canal +.

•*1984 : M. Duras, *L'Amant*, roman, (prix Goncourt).
P. Grainville, *La Caverne céleste*, roman.
A. Bosquet, *Un Jour après la vie*, poèmes.
J. Reda, *Le Bitume est exquis*, poèmes.

• 1985 : mort des peintres M. Chagall (28 mars) et J. Dubuffet (12 mai).

•*1985 : H. Cixous (née en 1937), *Histoire terrible mais inachevée de Norodom Sihanouk roi du Cambodge*, théâtre.
A. Robbe-Grillet, *Le Miroir qui revient*.
Y. Queffélec, *Les Noces barbares*, roman.

• 1986 : premières utilisations du laser en chirurgie.
Inauguration du musée d'Orsay.

• 1986 : M. Tournier, *La Goutte d'or*.
S. Beckett, *Dramaticules*, théâtre.

Le roman

Le roman continue de se méfier des procédés traditionnels de la narration, comme si, après le « nouveau roman » et les apports de la « nouvelle critique » (R. Barthes, M. Foucault ou C. Lévi-Strauss), il n'était plus possible d'écrire « innocemment ». Le langage continue également d'être opacité ; la psychologie, une niaiserie ; et le personnage, un fantôme discrédité. La question « pourquoi écrire ? » l'emporte désormais sur « quoi écrire ? ». Si le roman reste une aventure, elle n'est plus celle, fictive, prêtée à un personnage, mais celle du romancier, du « prosateur » ou du « scripteur » comme on dit parfois. Il s'agit de (re) donner sens à l'acte d'écrire.

Cette évolution ne condamne pas pour autant le récit ni même la fiction, au retour desquels on assiste parfois. Mais la fiction n'est plus un exercice d'imagination, proposée au divertissement du lecteur : elle est – par et dans le langage – création d'un univers imaginaire, personnel ou collectif.

À partir de là, chaque romancier explore sa propre voie. Aucune « école » ne domine, si bien qu'il est impossible d'emprisonner le genre dans une formule. On ne peut que signaler quelques grandes tendances.

Avec Jean Rouaud, le roman devient architecture, mêlant analepses, hallucinations et les deux guerres mondiales. Patrick Modiano mêle autobiographie, souvenirs imaginaires et faits de l'Occupation. Pascal Quignard construit à l'écart des modes et du bruit une œuvre exigeante, fondée sur les rapports du langage, des arts et des cultures.

Dans une autre direction, l'écriture romanesque se fait paroxystique, « baroque » chez Patrick Grainville ou, bien que d'une manière différente, chez René-Victor Pilhes (*L'Imprécateur*, 1974 ; *Le Jusquiame*, 1996).

Dans une autre direction encore, le roman devient « minimaliste », avec son écriture fragmentaire sur des faits sans (grande) importance, comme chez Philippe Delerm ou Christian Bobin (*Éloge du rien*, 1990 ; *Un Livre inutile*, 1992).

Jean Echenoz emprunte, lui, au roman policier en multipliant des rebondissements d'autant plus puissants que son écriture est sèche et neutre.

J.-M.-G. Le Clézio dont l'œuvre vient de se voir couronnée par le prestigieux prix Nobel de littérature poursuit de roman en roman son interrogation sur le

Explosion de la centrale nucléaire de Tchernobyl (26 avril).

P. Quignard, *Le Salon de Wurtemberg*, roman.

•*1987 : ouverture de la Cité des sciences à La Villette.
Mort de M. Yourcenar (18 déc.).

• 1987 : T. Ben Jelloun, *La Nuit sacrée*, roman (prix Goncourt).
A. Ernaux, *Une femme*, roman.

•*1988 : réélection du président F. Mitterrand.
Loi créant le Revenu minimum d'insertion (RMI).
Inauguration de la pyramide du Louvre.
Élection de J. de Romilly à l'Académie française.

• 1988 : C. Ollier, *Déconnection*, roman.
F. Arrabal, *La Traversée de l'empire*, roman.
E. Orsenna, *L'Exposition coloniale*, roman (prix Goncourt).

• 1989 : début des manifestations étudiantes à Pékin sur la place Tien An Men. Et répression sanglante de celles-ci (4 juin).
Chute du mur de Berlin (9 nov.).
Mort de S. Beckett (22 déc.).

• 1989 : J. Echenoz, *Lac*, roman.
V. Novarina, *Vous qui habitez le temps*, théâtre.
F. Gallaire, *Princesse*, roman.

• 1990 : invasion du Koweit par l'Irak (2 août).
Élection d'Hélène Carrère d'Encausse à l'Académie française.

•*1990 : J. Rouaud, *Les Champs d'honneur*, roman.
P. Jaccottet, *Cahier de verdure*, poèmes.

• 1991 : guerre contre l'Irak (janv.-fév.).
Disparition de l'URSS et création de la CEI (Communauté des États indépendants).

• 1991 : P. Quignard (né en 1948), *Tous les matins du monde*, roman.
P. Combescot, *Les Filles du Calvaire*, roman (prix Goncourt).
V. Novarina, *Pendant la matière*, théâtre.
B.-M. Koltès, *Dans la solitude des champs de coton*, théâtre.

• 1992 : accords de Maastricht.

• 1992 : J.-C. Grumberg, *Maman revient pauvre orphelin*, théâtre.
A. Nothomb, *Hygiène de l'assassin*, roman.

sens de l'existence quand celle-ci se trouve privée de ses racines, sur le dialogue des mémoires et des cultures, à travers les voyages.

Dans un tout autre domaine, ces dernières décennies voient le succès du roman policier et du « nouveau roman noir » dit « néo-polar » qui prend souvent pour personnages des marginaux, auteurs et/ou victimes de la violence des banlieues (Jean Herman, dit Jean Vautrin avec *Groom*, 1980 ; *Canicule*, 1982).

Longtemps dépréciée la science-fiction connaît un regain de vigueur et de faveur (Jacques Mondoloni, *Je suis une herbe*, 1982 ; Francis Berthelot, *La Ville au fond de l'œil*, 1987).

Après bien des débats et des mépris, la littérature de jeunesse pour laquelle écrivent les plus grands auteurs (M. Tourier, J.-M.-G. Le Clézio, J. Green) a définitivement conquis ses lettres de noblesse.

Comment enfin ne pas saluer la vitalité de la littérature africaine d'expression française ? Avec des auteurs comme Gérald Tchicaya U Tam'Si (1931-1988) : *Les Cancrelats* (1980), *Les Méduses* (1982) ; ou Mongo Beti (né en 1932), Ahmadou Kourouma (né en 1927) : *Monné, outrages et défis* (1990).

Comment ne pas saluer également l'essor de la littérature maghrébine d'expression française ? Avec Tahar Ben Jelloun (né en 1944) : *L'Enfant de sable* (1985) ; *Jour de silence à Tanger* (1990) ; ou Kateb Yacine (1929-1989) : *L'Œuvre en fragments* ; Albert Memmi (né en 1920) : *Le Pharaon* (1988).

En rompant avec son héritage ancien (ou du moins avec une partie de celui-ci), le roman conquiert de nouveaux espaces, culturels et géographiques, linguistiques et intérieurs.

• 1993 : suicide de l'ancien Premier ministre Pierre Bérégovoy (1er mai).
Entrée en vigueur du Traité de Maastricht dans l'Union européenne.

• 1993 : E. Orsenna, *Grand amour*, roman.
P. Grainville, *L'Ombre de la bête*, roman.
P. Sollers, *Le Secret*, roman.
J. Rouaud, *Des Hommes illustres*, roman.

• 1994 : mort du comédien et metteur en scène Jean-Louis Barrault (22 janv.).
Inauguration du tunnel sous la Manche (6 mai).

• 1994 : M. Deutsch, *La Négresse bonheur*, théâtre.
M. Houellebecq, *Extension du domaine de la lutte*, roman.

• 1995 : Jacques Chirac élu président de la République.
Inauguration de la Bibliothèque nationale de France.
Transfert des cendres de Pierre et Marie Curie au Panthéon.
Mort de Cioran (20 juin).

• 1995 : M. Duras, *C'est tout.*

• 1996 : mort de F. Mitterrand (8 janvier) et de M. Duras (3 mars).
Transfert des cendres d'A. Malraux au Panthéon (23 nov.).
Début de la crise dite de « la vache folle ».

• 1996 : M. Darrieussecq, *Truismes.*

• 1997 : guerre civile albanaise.
Signature du Protocole de Kyôto sur le réchauffement climatique.
Signature du traité d'Amsterdam (entré en vigueur en 1999).

• 1997 : P. Sollers, *Studio*, roman.
Patrick Rambaud, *La Bataille*, roman (prix Goncourt).

• 1998 : M. Houllebecq, *Les Particules élémentaires*, roman.
P. Delerm, *La Première Gorgée de bière et autres plaisirs minuscules.*

• 1999 : guerre du Kosovo.
Mort de N. Sarraute (18 juil.).

• 1999 : O. Py, *Requiem pour Srebrenica*, théâtre.
A. Nothomb, *Stupeur et tremblements*, roman.
J. Echenoz, *Je m'en vais*, roman (prix Goncourt).

• 2000 : élection de Florence Delay à l'Académie française.

• 2000 : P. Quignard, *Terrasse à Rome*, roman.

Le théâtre

Le théâtre connaît sur certains points une évolution analogue à celle du roman : pas plus que leurs confrères romanciers, les dramaturges ne ressuscitent le personnage ni ne témoignent d'une confiance aveugle dans la fiabilité du langage.

L'Histoire est fréquemment interrogée, et sous les angles les plus divers. Tantôt le répertoire est réinterprété à la lumière de l'actualité. C'est souvent le cas des « classiques », qui sont ainsi « relus » et rééclairés. En 1995, Ariane Mouchkine place délibérément sa mise en scène de *Tartuffe* dans le contexte de la montée de l'intégrisme islamique. Tantôt ce sont des événements contemporains qui fournissent la matière du spectacle, comme *Djebels* (1988) de Daniel Le Maheu ou *Tonkin-Alger* (1990) d'Eugène Tardif qui traitent de la guerre d'Algérie. Autant que le sujet importe la manière de l'aborder : ce n'est pas une reconstitution historique, ni un drame historique à la manière des Romantiques du XIXe siècle. Les personnages « historiques » voisinent avec des figures plus humbles ; les événements publics s'entremêlent avec les événements privés. C'est la mémoire des uns et des autres qui est ainsi sollicitée. Parfois le théâtre se fait militant et ouvertement engagé : c'est par exemple le cas de *Requiem pour Srebrenica* (1999) d'Olivier Py, ou de spectacles mettant en scène (comme personnages ou acteurs) des « sans papiers », des « sans domicile fixe ». Avec *La Négresse bonheur* (1994), Michel Deutsch s'intéresse, quant lui, à une histoire plus ordinaire, plus quotidienne, celle de la civilisation marchande.

Quelle que soit leur orientation, tous, ou presque, s'accordent pour enterrer le sens, la rationalité faussement reposante. Le dramaturge n'écrit plus pour « dire », mais pour permettre à des acteurs de s'emparer de son texte, de se l'approprier physiquement. L'acteur lui-même n'interprète plus. Il est un « souffle », avec sa part de non-dit ou de révolte personnelle. Il « est » le spectacle. Le théâtre tend ainsi à disparaître sous sa forme traditionnelle : plus de dialogues, mais des monologues juxtaposés, alternés ou entrelacés ; plus de « pièces », mais des textes. Le théâtre se cherche désormais en dehors de lui. La meilleure preuve n'en est-elle que tout texte narratif (relevant de la *diégésis*, et non de la *mimésis*) peut devenir theatre ?

J.-J. Schuhl, *Ingrid Caven*, roman, (prix Goncourt).
P. Quignard, *Terrasse à Rome*, roman (Grand prix du roman de l'Académie française).

• 2001 : attentat contre les tours du World Trade Center de New-York (11 septembre).
Explosion de l'usine AZF à Toulouse (21 sept.)

•*2001 : J.-C. Rufin, *Rouge Brésil*, roman (prix Goncourt).
Y. Bonnefoy, *Les Planches courbes*, poèmes.
P. Jaccottet, *Et, néanmoins*, poèmes.
Claude Esteban, *Morceaux de ciel, presque rien*, poèmes.
E. Neuhoff, *Un Bien fou*, roman.

• 2002 : l'euro devient la monnaie de douze États membres de l'Union européenne.
Réélection de J. Chirac à la présidence de la République.

• 2003 : début de la guerre américaine en Irak (20 mars). Chute de Saddam Hussein (9 avril).

• 2003 : P. Claudel (né en 1963), *Les Ames grises*, roman.
J.-P. Amette, *La Maîtresse de Brecht*, roman.
J.-N. Pancraz, *Tout est passé si vite.*

• 2004 : Création de la Halde (Haute autorité de lutte contre les discriminations et pour l'égalité).
Mort de Françoise Sagan (24 sept.).

• 2004 : A. Nothomb, *Biographie de la faim*, roman.
J.-M. Le Clézio, *L'Africain*, roman.
I. Némirovsky, *Suite française*, roman (prix Renaudot).
L. Gaudé, *Le Soleil des Scorta*, roman (prix Goncourt).
B. du Boucheron, *Court Serpent*, roman (Grand prix de l'Académie française).

• 2005 : Entrée en vigueur du protocole de Kyôto.
Émeutes dans les banlieues (oct-nov.).
Mort du pape Jean-Paul II (2 avril) et de Claude Simon (6 juillet), prix Nobel de littérature.

• 2005 : M. Darrieussecq, *Le Pays*, roman.
M. Houellebecq, *La Possibilité d'une île*, roman (prix Interallié).
P. Modiano, *Un Pedigree*, roman.
F. Weyergans, *Trois jours chez ma mère*, roman (prix Goncourt).

•*2006 : C. Eteban, *Le Jour à peine écrit*

La poésie

La poésie, pas plus que le théâtre ou le roman, ne saurait se réduire à un mouvement. En dépit de quelques tentatives et proclamations, le temps des « écoles » et des manifestes paraît révolu.

Fondé en 1960 par Raymond Queneau (1903-1976) et François Le Lionnais (1901-1984), l'Oulipo (Ouvroir de littérature potentielle) est sans descendance officielle – mais non sans influence par son dynamitage du langage et son plaisir à jouer avec les mots.

Créée à la même époque autour de Philippe Sollers, la revue *Tel Quel* a ambitionné de « mettre la poésie à la plus haute place de l'esprit ». La « pratique » littéraire ne pouvant ignorer les autres formes de « pratiques » (sociales, idéologiques, artistiques) ni les acquis de la critique moderne, la poésie est appelée à devenir cette « écriture supérieure » capable de transcender comportement, savoir et analyse – pour les comprendre, les unifier ou les contester.

De partager une aussi haute ambition n'a pas toutefois empêché les membres fondateurs et collaborateurs de la revue de poursuivre leur propre chemin. Marcelin Pleynet (né en 1933) joue ainsi sur l'organisation de l'espace, la disposition typographique pour faire éclater le carcan des normes (*Fragments du chœur*, 1984 ; *Le Propre du temps*, 1995). Michel Deguy (né en 1930) poursuit de son côté une œuvre poétique exigeante, alliant philosophie et réflexion sur la poétique elle-même, interrogeant sans cesse le poème pour dévoiler ce qu'il peut recouvrir (*Gisants. Poèmes*, 1985 ; *La poésie n'est pas seule* ; *Court traité poétique*, 1987). Frank Venaille (né en 1936) s'attache pour sa part à retrouver et saisir les pulsions et angoisses primitives de l'homme (*Ça* – prix « Alain Bosquet, 2002).

Né en 1949, Michel Bulteau a publié en 1971 le *Manifeste électrique aux paupières de jupes*. Autant sous l'influence du surréalisme et des *Champs magnétiques* que de la *beat generation* américaine, ce manifeste se veut un appel à une poésie discontinue, nominale, tour à tour saccadée et lyrique, ne reculant pas devant l'argot et les mots crus, proche aussi de l'obscurité (*Poèmes 1966-1974*, 1993 ; *La Vie des autres*, 1995).

Plus généralement ce qui domine semble être l'idée et le sentiment qu'on n'interroge pas le monde et le langage sans risque.

Habitant toutes les formes, des plus traditionnelles aux plus déroutantes, la poésie ne s'enferme dans aucune en particulier. C'est souvent une écriture du fragment et de l'instantané. Quant à la prosodie, elle est des plus variées. Michel Deguy alterne la prose et le vers. Après avoir expérimenté le vers de quatorze

• 2006 : mort des poètes C. Esteban (10 avril), J. Grosjean (10 avril) et B. Delvaille (18 avril).

(1967-1992) et *Trajet d'une blessure*, poèmes.
F. Chandernagor, *La Voyageuse de nuit*, roman.
A. Nothomb, *Journal d'hirondelle*, roman.
K. Pancol, *Les Yeux jaunes des crocodiles*, roman.

• 2007 : Nicolas Sarkozy élu président de la République.

• 2007 : L.-M. Baros, *La Maison en lames de rasoir*, poèmes (prix Guillaume-Apollinaire de la poésie).
C. Esteban, *La Mort à distance* (posth.).
M. Barbery, *L'Élégance du hérisson*, roman (prix des Libraires).
P. Claudel, *Le Rapport Brodeck*, roman.
V. Delecroix, *La Chaussure sur le toit*, roman.
M. Dugain, *Une exécution ordinaire*, roman.
P. Modiano, *Dans le café de la jeunesse perdue*, roman.
A. Nothomb, *Ni d'Eve ni d'Adam*, roman.
D. Pennac, *Chagrin d'école*, essai.
E. Fottorino, *Baisers de cinéma*, roman (prix Femina).
G. Leroy, *Alabama Song*, roman (prix Goncourt).

• 2008 : J.-M.-G. Le Clézio, prix Nobel de littérature.

syllabes, Jacques Réda (né en 1929) recourt à l'alexandrin et à l'octosyllabe (*Retour au calme,* 1989). À l'inverse Lionel Ray (né en 1935) désarticule le vers (*Approches du lieu*, 1986), tandis que Marie-Claire Blancquart (née en 1932) use volontiers du vers libre (*Opéra des limites*, 1986) ou que Christian Bobin (né en 1951) renouvelle la prose poétique (*Le Huitième jour de la semaine*, 1988).

L'exploration du langage accompagne souvent celle du monde. Jacques Réda saisit le quotidien de la banlieue au cours de ses promenades et errances (*Le Bitume est exquis*, 1984). Appartenant à une génération plus jeune, Guy Coffette (né en 1947), opte pour une parole dénuée d'artifice (*Éloge pour une cuisine de province*, 1988). James Sacré (né en 1939) s'affranchit au contraire des normes syntaxiques (*Quelque chose de mal raconté*, 1981). Jean-Pierre Lemaire (né en 1948) célèbre sa foi chrétienne jusque dans les événements les plus ordinaires de l'existence (*L'Annonciade*, 1997 ; *L'Intérieur du monde*, 2002). Claude Royet-Journoud éprouve une telle méfiance à l'égard du langage qu'il l'appauvrit musicalement (*Les Objets contiennent l'infini*, 1983). Ludovic Janvier fait à l'inverse jaillir le lyrisme du quotidien (*La Mer à boire*, 1987).

On éprouve quelque gêne à brosser ce panorama à grands traits, à trop grands traits, tant il ne peut être qu'incomplet et injuste. Du moins montre-t-il que la poésie reste expérience et aventure personnelles et qu'en dépit de son audience restreinte elle demeure vive. Car « seules la vie et la langue nous sont données ; le monde respire ou s'enténèbre dans la langue ; et je ne suis pas vraiment au monde comme je le suis à la langue » (Richard Millet, *Le Sentiment de la langue*, 1986).

COLLECTION 128 • SÉRIE LETTRES

BERTHELOT	*Le Roman courtois*
BOYER	*Les Paralittératures*
BOZZETTO	*La Science-fiction*
CALAS	*Le Roman épistolaire*
CLAUDON	*Les Grands Mouvements littéraires européens*
CLAUDON / HADDAD-WOTLING	*Précis de littérature comparée*
COUPRIE	*Le Théâtre*
DE BIASI	*Génétique des textes*
DURAND / LE GUERN	*Le Roman historique*
DURRER	*Le Dialogue dans le roman*
FORESTIER	*Introduction à l'analyse des textes classiques*
FOURCAUT	*Le Commentaire composé*
FRESNAULT-DERUELLE	*La Bande dessinée*
HUGUES	*L'Utopie*
MAINGUENEAU	*La Littérature pornographique*
MARCOIN / CHELEBOURG	*La Littérature de jeunesse*
MILHE-POUTINGON	*François Rabelais. Bilan critique*
MIRAUX	*L'Autobiographie*
MITTERAND	*La Littérature française du XXe siècle*
PAPPE / ROCHE	*La Dissertation littéraire*
PETITIER	*Littérature et idées politiques au XIXe siècle*
PRINCE	*Le Fantastique*
PRUNER	*L'Analyse du texte de théâtre*
REUTER	*Le Roman policier*
REUTER	*L'Analyse du récit*
ROGER	*La Critique littéraire*
ROHOU	*Jean Racine. Bilan critique*
SAMOYAULT	*L'Intertextualité*
STALLONI	*Les Genres littéraires*
VAILLANT	*La Poésie. Introduction à l'analyse des textes poétiques*
VALETTE	*Le Roman*

261407 – (III) – OSB 80° – NRI
Dépôt légal : avril 2016 – Suite du tirage : mars 2021

Achevé d'imprimer par Dupli-Print à Domont (95)
N° d'impression : 2021033112
www.dupli-print.fr

Imprimé en France